本書係「敦煌文獻系統性保護整理出版工程」項目成果

二〇二一—二〇三五年國家古籍工作規劃重點出版項目

「十四五」國家重點出版物出版規劃項目

國家古籍整理出版專項經費資助項目

中國國家圖書館藏敦煌文獻

中國國家圖書館 編

第一册

BD00001～BD00012

國家圖書館出版社

DUNHUANG MANUSCRIPTS IN THE NATIONAL LIBRARY OF CHINA

001

BD00001 ~ BD00012

compiled by the

National Library of China

National Library of China Publishing House

前言

敦煌文獻系統性保護整理出版工程，是全國古籍整理出版規劃領導小組主持，中國學術界、文化界、出版界共同推進實施的一項重大文化工程。《敦煌文獻全集》作爲其中的重點項目，旨在以高清全彩方式高水平集成刊布、高質量系統整理散藏世界各地的敦煌文獻。

本書爲《敦煌文獻全集》之一種，是中國國家圖書館（以下簡稱「國圖」〔一〕）藏敦煌文獻的高清彩色圖録。國圖所藏敦煌文獻編爲16579號，除去少量空號，實有16516號。以實物長度計，國圖所藏敦煌文獻是世界各機構之最，總長度達3.46萬米〔二〕。國圖藏敦煌文獻的價值，歷來爲學者所重。早在一九三〇年，陳寅恪先生發表《陳垣敦煌劫餘録序》（《中央研究院歷史語言研究所集刊》第一本第二分），便提出國圖藏敦煌文獻頗具研究旨趣，并加以具體説明，指出其價值與异國及私家所藏相比不遑多讓。一個多世紀以來，大量相關研究論著也一再表明，國圖藏敦煌文獻具有極其重要的文獻價值，其中不少還有待重新認識或深入研討。

從入藏來源看，國圖藏敦煌文獻可分爲兩大部分：其一是一九一〇年甘肅解運京師部分，包括千字文號（「地」至「位」）8679號、殘卷1192號、殘片3879號等；其二是後續入藏部分，主要是「新」字號1600號，以及少量其他編號的藏卷。此外還有一些修復過程中揭下并另行編號的裱補紙。國圖藏敦煌文獻先後使用過十種編號，現在統一歸并爲BD號（即北敦號）。另外，還有少量吐魯番文書和日本古寫經，因文獻內容、形制相似，也編入BD號序列。方廣錩先生主編的《中國國家圖書館藏敦煌遺書總目録·新舊編號對照卷》〔三〕是查核各種編號之間關係最詳確、最方便的工具書，方廣錩先生所撰該書《序言》對國圖藏敦煌文獻的來源與組成、編號及其演變等情況有詳細的闡述，極具參考價值。

建館一百一十餘年來，國圖幾代圖書館員爲敦煌文獻的整理、編目、保護、修復、研究、服務和數字化等工作，付出了長期不懈的努力。整理編目是敦煌文獻研究最基礎的工作，也是富有學術性且頗爲繁難的工作。一九一〇年敦煌文獻剛剛入館，京師圖書館便開始編目，一九一一年完成賬目式的《敦煌石室經卷總目》。此後，京師圖書館還組織編纂了多種庋藏册及工作目録，包括以經名爲綱的分類目録《敦煌石室寫經殘卷詳細目録》（如《楞伽經目録》等）。二十世紀二十年代，俞澤箴先生等京師圖書館寫經室同仁，參考《大正藏》結構編纂了《敦煌經典目》。隨後，陳垣先生在館編目録基礎上，編成《敦煌劫餘録》，一九三一年由中央研究院歷史語言研究所出版。該目是敦煌學史上首部正式出版的分類目録，其著録範圍與《敦煌石室經卷總目》相同，即千字文號部分。此後半個多世紀，《敦煌劫餘録》是學界瞭解國圖藏敦煌文獻的主要依據，在敦煌學史上貢獻卓著。此後，國立北平圖書館善本部寫經組於二十世紀三十年代編纂完成《敦煌石室寫經詳目》，對千字文號部分作了更詳細的著録和考訂；同時還整理出殘卷1192號，編纂了《敦煌石室寫經詳目續編》。可惜的是，這兩部目録因全面抗戰爆發，未能及時出版。中華人民共和國成立以後入藏北京圖書館的「新」字號敦煌文獻，大部分著録於《敦煌劫餘録續編》。該目完成於一九八一年七月，共著録1065號，涵蓋了後續入藏部分的精華。二十世紀九十年代，方廣錩先生主持編纂館藏敦煌文獻新目録，歷經二十餘年的編纂、補充、修訂，最終完成，首先陸續附載於二〇〇五年至二〇一二年出版的《國家圖書館藏敦煌遺書》，後修訂彙編爲方廣錩、李際寧、黄霞著《中國國家圖書館藏敦煌遺書總目録·館藏目録卷》，二〇一六年三月由中國人民大學出版社出版。該目創設「條記目録」體例，每個條目有十三大項三十九小項，囊括文物、文獻、文字等各方面的屬性，著録全面且細緻，是瞭解國圖藏敦煌文獻最爲詳盡的參考書，堪稱敦煌文獻整理研究的一座里程碑。

國圖藏敦煌文獻大多有一定程度的殘損，有的殘破嚴重，難以展閲。入藏之初，京師圖書館便以傳統書畫裝裱工藝，將少數卷子加以裝裱。這種通卷托裱的方法，一定程度上破壞了敦煌文獻的原貌，損傷了原卷保存的信息，在之後的修復實踐中逐漸被摒弃。二十世紀九十年代，在檢討傳統工藝并吸收西方修復經驗教訓的基礎上，北京圖書館善本特藏部及修復組經反復探討，提出了一套理念先進、穩妥可行的敦煌文獻修復方案，歸納出四個基本原則，即整舊如舊、最小干預、修復用紙有所區别、過程可逆[四]，并秉承「不遇良工，寧存故物」的傳統。在新修復理念指導下，北京圖書館組織開展大規模的敦煌文獻修復工作，使得一大批嚴重殘損的文獻得以被方便地利用，大批殘片也得到了妥善的保護。近年來，國圖在社會力量的支持下，繼續開展嚴重殘損敦煌文獻的修復，在修復工藝、修復材料製備等方面均有新的發展。敦煌文獻得以完美呈現，修復師們功不可没。國圖在敦煌文獻修復工作中總結出的原則，也成爲古籍修復領域的基本準則，推動了整個行業的規範化、科學化發展。從古籍修復事業發展角度看，敦煌文獻修復項目具有重要的標志性意義。二〇〇四年六月，國圖敦煌遺書特藏庫落成并投入使用，館藏敦煌文獻全部遷入設施完善、條件上佳的新庫房，并配備了新裝具。敦煌文獻保護工作推動了「中華古籍保護計劃」的策劃實施，對古籍保護事業的蓬勃發展起到了重要促進作用。

國圖藏敦煌文獻，入館之後便開始爲讀者服務，提供學術研究參考。一九三一年《敦煌劫餘録》出版後，學者按圖索驥，使用更爲方便。二十世紀五六十年代，北京圖書館拍攝了館藏敦煌文獻的縮微膠捲，并與英國開展交換。二十世紀八十年代，又重新拍攝了一套縮微膠捲，并向讀者提供服務，同時也對外發行，爲學者查閱館藏敦煌文獻提供了一定的方便。一九八六年，黄永武先生所編《敦煌寶藏》由臺北新文豐出版公司印行，其中便收録了以縮微膠捲翻印的國圖藏敦煌文獻。任繼愈先生一九八七年擔任北京圖書館館長後，大力推動館藏敦煌文獻的整理出版事宜。一九九九年，江蘇古籍出版社開始出版《中國國家圖書館藏敦煌遺書》，至二〇〇一年出版七册後中止。二〇〇一年，國圖參與國際敦煌項目（IDP）合作，開始館藏敦煌文獻的數字化。自二〇〇五年起，館藏敦煌文獻出版工作再次啓動，國圖善本特藏部（二〇〇八年與北海分館等合并爲古籍館）與北京圖書館出版社（二〇〇八年更名爲國家圖書館出版社）合作，至二〇一二年六月最終完成《國家圖書館藏敦煌遺書》全書一百四十六册的出版工作。任繼愈擔任主編，方廣錩擔任常務副主編，李際寧、張志清擔任副主編。出版委員會主任爲詹福瑞，副主任爲陳力。這部黑白圖録刊布了國圖館藏所有敦煌文獻，以館藏編號順序編排，各册附條記目録。該書收録完備，圖版清晰，定名準確，著録詳明，編排科學，深受學界關注與贊揚，被譽爲「我國文化事業發展的一項重要工程，更是敦煌學界一件功德無量的盛事」〔五〕。在此，我們謹向爲國圖藏敦煌文獻整理研究、保護修復等事業付出巨大努力、作出突出貢獻的前輩們，致以崇高的敬意。没有前輩們篳路藍縷、辛勤開拓，本書的編輯出版不可能順利完成。

此次出版是對《國家圖書館藏敦煌遺書》的延續。爲了本書順利出版，國家圖書館組織了多方面的工作團隊。邀請著名敦煌學家方廣錩、郝春文、榮新江先生，以及國圖資深研究館員、長期參與國圖敦煌文獻編目整理研究工作的李際寧先生，擔任本書學術顧問，指導整理研究和編纂出版工作。由館領導領銜，國家圖書館古籍館和國家圖書館出版社的幾位負責人共同負責整體的統籌協調及編纂出版工作。編纂組主要由古籍館從事敦煌文獻整理的專業人員組成，包括館内從事敦煌文獻編目、整理研究、圖版拍攝整理的所有同仁，其中部分成員還參與了《國家圖書館藏敦煌遺書》的編纂工作。

本書的文獻定名、著録、編排等工作，儘可能地參考了此前編纂出版的館藏敦煌文獻目録、圖録等。目録方面，編纂組在此前多部館藏目録，特别是《中國國家圖書館藏敦煌遺書總目録》的基礎上，吸收學界最新研究成果，對文獻定名進行了一些調整。定名代表了對每件敦煌文獻性質、内容的認識，雖然文字量不大，但體現了敦煌文獻研究的進展和深度。編纂組秉承繼承前輩成果、體現新近進展的原則，逐一審訂所有文獻的定名，努力向讀者傳遞更準確、更詳明的信息。

本書以刊布高清彩色圖版爲主要特色。以往在黑白圖録中難以辨識的朱點、朱筆文字、淡墨字迹，以及因紙色晦暗而不能清晰顯示的字迹，在本書中將得到清晰呈現。彩色圖版還可爲寫本物理形態的研究，提供更詳細、更具體的依據。近年來，國圖古籍館文獻修復組還在不斷開展敦煌文獻的修復工作，原本殘破褶皺的文獻經過修復，得以更加完整地展現在讀者面前。此次影印出版不光着眼於全面展現敦煌文獻的文本，同時也力圖全面展現敦煌文獻的文物特徵，因此全書采用高清彩印方式呈現。總之，質量更高、圖版更清晰的圖録，無疑會大幅提高研究者使用本書時獲得的信息量，有助於敦煌文獻研究的進一步深入開展，尤其是寫本學、書籍史等正在蓬勃發展的學術領域，取資於此的當更爲突出。希望本書的出版能爲敦煌文獻研究打開一扇更大的窗户，研究者們據此開展更深入、更專精的研究，從而推動敦煌學的發展。同時，對敦煌文獻感興趣的公衆，包括書法愛好者，從本書刊布的彩色圖版中，獲得更佳的閲讀與欣賞體驗。

囿於編纂組的見聞與學識，書中難免存在各種問題，敬請敦煌學研究者與各界讀者批評指正。

本書編纂組

二〇二三年八月十五日

〔一〕中國國家圖書館的前身是一九〇九年九月九日清政府批准建立的京師圖書館。一百一十餘年來，館名歷經多次更改。一九二八年更名爲國立北平圖書館，一九二九年與北平北海圖書館合并，沿用國立北平圖書館館名。一九四九年，館名變更爲北京圖書館。一九九八年，更名爲國家圖書館，對外稱中國國家圖書館。本文述及不同歷史時期，根據需要采用當時的館名，泛稱多個歷史時期時一般用「國圖」指代，特此説明。

〔二〕方廣锠：《中國國家圖書館藏敦煌遺書》，見《敦煌研究》二〇一四年第三期，第123—131頁。

〔三〕方廣锠：《中國國家圖書館藏敦煌遺書總目録·新舊編號對照卷》，北京：中國人民大學出版社，二〇一三年。

〔四〕方廣锠：《〈中國國家圖書館藏敦煌遺書〉前言》，見《中國國家圖書館藏敦煌遺書》第一册，南京：江蘇古籍出版社，一九九九年，第5—6頁；方廣锠：《國家圖書館敦煌遺書的修復方案》，見國家圖書館古籍館編《文津流觴》，二〇〇二年第六期。

〔五〕郝春文：《〈國家圖書館藏敦煌遺書〉的五大貢獻》，見《光明日報》二〇〇六年八月二十二日第十版；郝春文：《評〈國家圖書館藏敦煌遺書〉》，見《二十世紀的敦煌學》，上海：上海古籍出版社，二〇〇六年，第214—222頁。

Preface

Under the auspices of the National Leading Group for Planning of Ancient Books Collation and Publication (全國古籍整理出版規劃領導小組), Chinese scholars and publishers are collaborating in an effort to systematically preserve, organise, and publish the Dunhuang materials which are scattered thoughout the world. The principal aim is the production to the highest standards of a series of volumes in high-definition and full-colour with the title Complete collection of Dunhuang manuscripts 敦煌文獻全集 .

The series reproduces the Dunhuang materials in the National Library of China.[1] These are numbered 1-16579, but a few of the numbers are vacant, so that the number of items we actually hold is 16516. In length, the collection is the largest in the world, and if unrolled the scrolls would extend to 34,600 metres. The collection has always been valued by scholars, and as early as 1930 Chen Yinque published a preface to Chen Yuan's account of them which stimulated further scholarship and demonstrated that the Library's holdings were not inferior to those in other countries or in private hands. For more than a century, scholarly publications have repeatedly shown the importance of the National Library's collection, notwithstanding the fact that it still requires further work and deeper study.

The Dunhuang materials came to the Library in two main groups. The first was transferred from Gansu to the capital in 1910, and comprised 8679 items classified under the Qianziwen ("Thousand character classic") headings *di* 地 to *wei* 位 , 1192 fragmentary scrolls, and a further 3879 single pieces; and the second entered the Library subsequently, and comprised mainly the 1600 items under the heading xin 新 together with a small number of other items. Apart from these there are some mounting sheets that were removed during the restoration process which are now kept apart and numbered separately. The Library's collection is now classified under ten "BD" headings ("BD" standing for "Beitu Dunhuang"). In addition, there are some Turfan and old Japanese manuscript materials which on account of their content and format are also classified under the BD heading. Fang Guangchang has produced a very detailed and convenient concordance to these numbers, and in his preface to this work provides an authoritative account of the collection's origins, organisation, classification, and development.

Over a period of more than 110 years, several generations of librarians have worked unremittingly to organise, catalogue, preserve, repair, research, administer, and digitise the Dunhuang materials. Organising and cataloguing them are the most important tasks, but present many scholarly problems. The cataloguing began in 1910, when the first Dunhuang materials had just entered what was then called the Metropolitan Library, and by 1911 a handlist of the collection had been completed. Thereafter the Metropolitan Library produced working lists of smaller parts of the collection, and in the 1920s Yu Zezhen and his colleagues, working in the Library's Dunhuang Manuscripts Office, compiled a catalogue based on the structure of the Japanese Taisho Tripitaka. Subsequently, building on the foundation of the Library catalogue, Chen Yuan compiled what became the first published classified catalogue of Dunhuang manuscripts, issued in 1931 by the Institute of History and Philology of the Academia Sinica; its coverage is the same as that of the *Qianziwen* ("Thousand character classic") section of the 1911 handlist. Chen Yuan's work remained the key to the Library's Dunhuang manuscripts for more than half a century, and has made an outstanding contribution to Dunhuang scholarship. Later, in the 1930s, the Dunhuang Manuscripts Team of the National Library of Peiping produced a more detailed catalogue of the *Qianziwen* section, with a continuation that incorporated further work on the 1192 fragmentary scrolls. Unfortunately neither of these volumes could be published at the time owing to the outbreak of the anti-Japanese war. Most of the items under the heading *xin* 新, which entered Peking Library after the founding of the People's Republic of China, were recorded in a continuation of Chen Yuan's catalogue. This was completed in 1981, and contains 1065 of the finest items from the later additions to the Library's collection. During the 1990s Fang Guangchang supervised the compilation of a new catalogue of the Library's Dunhuang collection, and this was eventually completed after more than 20 years of constant work and revision. It first appeared as a series of appendices to the volumes of reproductions that were published between 2005 and 2012, but these were later collected together and revised by Fang Guangchang, Li Jining, and Huang Xia, and published in March 2016. This catalogue is constructed according to a highly analytic scheme consisting of 13 main categories and 39 sub-categories, so that the details of all manner of documents, objects, and so forth can be recorded comprehensively and accurately. The work is thus not only the most important guide to the Library's Dunhuang collection, but constitutes a major milestone in Dunhuang studies.

Most of the Dunhuang documents in the Library are damaged to some extent, a few of them so badly that they can only be unrolled and examined with difficulty. When they first entered the Metropolitan Library, some of them were lined using the traditional techniques for mounting calligraphy and painting. This treatment destroyed the original appearance of the objects, and also resulted in some loss of information, so it was later abandoned. In the 1990s, following a reappraisal of traditional techniques and under the influence of western conservation practices, after much discussion the Special Collections Department of Peking Library put forward a modern and practical policy for the conservation of the Dunhuang documents. This can be summarised in four basic principles: retain the original appearance of the object, keep intervention to a minimum, allow repairs to be visible, and enable them to be reversible. Also, unless you can do a good job, leave things as they are. In accordance with these principles, the Library organised a large-scale conservation project so that even badly damaged items could be conveniently used, and fragmentary items preserved. This project continues as the Library's conservators strive to develop new techniques and investigate the use of new materials, while aiming for perfection in the visual presentation of their work. The conservation principles established by the National Library in the preservation of the Dunhuang materials have now become a standard for the entire profession, and are a landmark in its development. In June 2004 the Library completed a well-equipped storage facility for the Dunhuang materials and they were all moved into it. The project to preserve the Dunhuang collection has stimulated the development of the entire field of rare book conservation.

The Dunhuang manuscripts were put to the service of readers as soon as they entered the Library, and following the publication of Chen Yuan's catalogue in 1931 readers were able to search the collection conveniently, as it was illustrated. In the 1950s and 1960s Peking Library made microfilms of the collection which it exchanged with the United Kingdom. More microfilms were made in the 1980s. These microfilms served not only to satisfy local readers, but also provided the outside world with convenient access to the collection.

In 1986 *Dunhuang baozang* ("Treasures of Dunhuang"), compiled by Huang Yongwu, was published in Taiwan. Its contents were reproduced from Peking Library's microfilms. When Ren Jiyu became the director of Peking Library in 1987, he vigorously promoted the publication of the Dunhuang manuscripts, and in 1999 began to publish them in a series, but this ended in 2001 after the publication of seven volumes. In 2001 the National Library became a participant in the International Dunhuang Project (IDP) and began to digitise the collection. In 2005 the publication of the collection was re-started, undertaken by the Library's Special Collections Department and publishing house, and was completed in June 2012 with the publication of 146 volumes. This set of volumes contains the Library's entire Dunhuang collection arranged in shelfmark order, and each volume has its own table of contents. The illustrations are clear, the titles are accurate, the cataloguing is detailed, and its arrangement is logical, so that it has been very well received by the entire Dunhuang research community.

The present work is actually a continuation of the earlier sets of volumes which were published in black and white. As far as possible, the naming and cataloguing of the manuscripts, as well as the order of their presentation, has been made to conform with the earlier published work, especially that of Fang Guangchang. None of this would have been possible without the contribution of our predecessors, to whom we pay our greatest respects.

To some extent this series is an upgrading of the 146-volume set compiled under the direction of Ren Jiyu between 2005 and 2012, as noted above. To achieve this, the National Library has assembled an advisory team comprising the famous Dunhuang scholars Fang Guangchang, Hao Chunwen and Rong Xinjiang, as well as Li Jining, a senior research librarian of the National Library of China and a long-term participant in the cataloging and research into the National Library's Dunhuang documents. The team also includes many other colleagues from the National Library of China and its publishing house, some of whom had also participated in the compilation of the 146-volume set.

As far as possible, the naming, description, and arrangement of the documents reproduced in this series are based on the Library's previous publications of Dunhuang materials, notably the above-mentioned catalogue compiled in 2016 by Fang Guangchang and others. But each document has been carefully re-examined, and however small, changes have been made in the light of the latest research.

The principal aim of these volumes is to present reproductions of the manuscripts in full colour and in their original size. In the earlier monochrome reproductions it was often difficult to distinguish annotations in black from those in red, or to read text written in lighter ink or on dark paper. The present volumes not only rectify these failings, but also give a better idea of the physical form of the materials.

The Library's conservators continue to work on the damaged materials so that they can be made available to readers, and we are providing full-size, full-colour illustrations of them so that they can be seen exactly as they are. This will not only increase the amount of information that researchers can get from them, but will also promote Dunhuang research in particular and bibliography in general, and encourage the provision of more resources for their study.

The knowledge of our editorial team inevitably has its limitations, and we invite criticism and corrections whether from those specialising in Dunhuang research or the world of learning in general.

(Translated by David Helliwell)

---

1 The predecessor of the National Library of China was the Metropolitan Library, officially established by the Qing government on 9 September 1909. In the century or more since then its name has often changed. In 1928 it became the National Library of Peiping, and in 1929 it merged with Peihai Library but continued to use the name of the National Library of Peiping. In 1949 its name was changed to Peking Library, and in 1998 it was again changed to the National Library, known abroad as the National Library of China. Here we use the name of the library according to the period under discussion, and for the whole period, the name National Library of China.

2 方廣锠：《中國國家圖書館藏敦煌遺書》，見《敦煌研究》二〇一四年第三期，第 123—131 頁。

3 陳寅恪：《敦煌劫餘録序》，見《中央研究院歷史語言研究所集刊》一九三〇年第一本第二分，第 231—232 頁。

4 方廣锠：《中國國家圖書館藏敦煌遺書總目録·新舊編號對照卷》，北京：中國人民大學出版社，二〇一三年。

5 陳垣：《敦煌劫餘録》，北京：國立中央研究院歷史語言研究所，一九三一年。

6 北平圖書館寫經組：《敦煌石室寫經詳目》；北平圖書館寫經組：《敦煌石室寫經詳目續編》。

7 北京圖書館善本組：《敦煌劫餘録續編》，北京：北京圖書館，一九八一年。

8 方廣锠、李際寧、黄霞：《中國國家圖書館藏敦煌遺書總目録·館藏目録卷》，北京：中國人民大學出版社，二〇一六年。

9 方廣锠：《〈中國國家圖書館藏敦煌遺書〉前言》，見《中國國家圖書館藏敦煌遺書》第一册，南京：江蘇古籍出版社，一九九九年，第 5—6 頁；方廣锠：《國家圖書館敦煌遺書的修復方案》，見國家圖書館古籍館編《文津流觴》，二〇〇二年第六期。

10 黄永武：《敦煌寶藏》，臺北：新文豐出版公司，一九八一年至一九八六年，一百四十册。

11 任繼愈：《中國國家圖書館藏敦煌遺書》，南京：江蘇古籍出版社，一九九九年至二〇〇一年，七册。

12 任繼愈：《國家圖書館藏敦煌遺書》，北京：北京圖書館出版社，二〇〇五年至二〇一二年，一百四十六册。

13 郝春文：《〈國家圖書館藏敦煌遺書〉的五大貢獻》，見《光明日報》二〇〇六年八月二十二日第十版；郝春文：《評〈國家圖書館藏敦煌遺書〉》，見《二十世紀的敦煌學》，上海：上海古籍出版社，二〇〇六年，第 214—222 頁。

凡例

一　本書刊布中國國家圖書館藏敦煌文獻，以館藏編號爲序編排。

二　館藏編號采用「BD+流水號」格式，如 BD00001, BD16579 等。背面在編號後加 v 表示。一個編號包含多件文獻者，編號後分别綴以字母 A, B, C 等。一件文獻含有多個内容者，以數字 -1, -2, -3 等標明順序。

三　圖版有縮印或放大處另加説明，尺寸超出本書幅面的以摺葉形式呈現。

四　卷軸裝、梵夾裝、經摺裝等裝幀形制的敦煌文獻，各附外觀圖像。

五　每件文獻依次呈現外觀、正面、背面等。背面僅刊布有文字、圖像或其他要素的圖版，而略去素紙部分，背面圖版同樣以從右到左順序編排。凡有外題者，遵從以上原則。

六　除個别特殊情况外，爲保證閲讀連貫、流暢，圖版儘量通欄呈現。

七　各葉上方附該件文獻全圖，以高亮形式顯示本葉大圖在全卷中的位置。部分長卷文獻全圖衹能分多段呈現時，在上段末以 ‹ 符標示下段接續。卷尾内容不足一葉時，文獻全圖使用該圖卷尾部分，亦以 ‹ 符標示。背面圖版文字與正面文字方向相反時，文獻全圖按原貌顯示，正文翻轉呈現，以便閲讀研究，用 ↻ 符標示。

八　文獻題名大體沿用中國國家圖書館此前所編多部敦煌文獻目録的考證，部分吸收學界最新研究成果略作調整和完善。文獻題名綜合參考原卷首題、尾題、外題確定，如原卷題名與該文獻正式名稱不同，則采用正式名稱；無題名者，或比定題名，或擬定新名。非漢文文獻在題名前標注語種。有分卷不同等其他情况者，括注於文獻名稱後。

九　本書著録使用通行繁體字，涉及原文中的人名、地名等，必要時保留原字形。

About this publication

1. The documents are presented in shelfmark order.
2. The shelfmarks are in the form BD plus a running number, eg. BD00001, BD16579, &c. If a given shelfmark contains multiple documents, these are distinguished by the letters A, B, C, &c. If a document has multiple contents, they are distinguished by the numbering 1, 2, 3, &c. The verso side of an item is indicated by the letter v.
3. If it has been necessary to reduce or enlarge the size of an illustration, the dimensions are indicated. If the size of an illustration exceeds the size of the book, a folding sheet is used.
4. If the document is a scroll, a folded sutra, or has a stitched binding, a picture of the whole object is provided to show its external appearance.
5. The cover, front, and back of each document are reproduced in sequence. The back of a document is only reproduced if it contains text, illustrations, or other markings, and it is oriented from right to left. If it is blank it is not reproduced.
6. Except in a few special cases, the lines of text are reproduced unbroken to make them coherent and easier to read.
7. An illustration of the complete document is reproduced at the top of each page, and the section where the main illustration appears is highlighted in order to indicate its position. If it has only been possible to reproduce a long scroll in sections, the direction symbol has been used to indicate where one illustration ends and the next one begins. If the end of the scroll occupies less than one page, the direction symbol is used to indicate its position in the illustration of the complete document. If the text on the back of the document has a different orientation from the text on the front, it is reproduced as it is, but is also rotated (indicated with the rotation symbol) so that it can be read easily.
8. The titles of the documents generally conform with those already established by the Library, but in some cases have been amended by drawing on the most recent scholarly research. The titles are derived firstly from the beginning of the text, then from the end of the text, and lastly from the cover. If the title of a document differs from its authoritative form, the authoritative form is used; and if a document has no title, one is either supplied by comparison with similar documents, or a new one is devised. If the document is not in Chinese, its language is indicated before the title. If the number of juan is different from that of the authoritative version, or if there are other irregularities, this is noted.
9. The documents in the book are in traditional Chinese characters. Where the title contains personal or place names, the original characters used for these names are retained.

(Translated by David Helliwell)

第一册目録

BD00001 大般若波羅蜜多經卷二〇二

（唐）玄奘 譯

BD00001v 藏文穢迹金剛類經典或儀軌（擬）

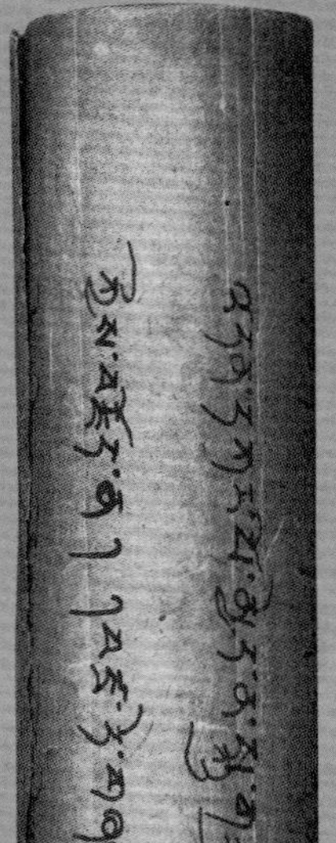

183.8cm×27.2cm

羅尼門清淨即眞清淨何以故是眞清
淨與一切陁羅尼門清淨無二無二分無別
無斷故眞清淨即一切三摩地門清淨一
切三摩地門清淨即眞清淨何以故是眞
清淨與一切三摩地門清淨無二無二分
無別無斷故
善現眞清淨即預流果清淨預流果清淨即
眞清淨何以故是眞清淨與預流果清淨無
二無二分無別無斷故眞清淨即一來不還
阿羅漢果清淨一來不還阿羅漢果清淨即
眞清淨何以故是眞清淨與一來不還阿羅
漢果清淨無二無二分無別無斷故善現眞
清淨即獨覺菩提清淨獨覺菩提清淨即
眞清淨何以故是眞清淨與獨覺菩提清淨

無二無二分無別無斷故善現瞋清淨即一
切菩薩摩訶薩行清淨一切菩薩摩訶薩
行清淨即瞋清淨何以故是瞋清淨與一切菩
薩摩訶薩行清淨無二無二分無別無斷故
善現瞋清淨即諸佛無上正等菩提清淨諸
佛無上正等菩提清淨即瞋清淨何以故是
瞋清淨與諸佛無上正等菩提清淨無二無
二分無別無斷故
復次善現癡清淨即色清淨色清淨即癡清
淨何以故是癡清淨與色清淨無二無二分
無別無斷故癡清淨即受想行識清淨受
想行識清淨即癡清淨何以故是癡清
淨與受想行識清淨無二無二分無別無斷
故善現癡清淨即眼處清淨眼處清淨即
癡清淨何以故是癡清淨與眼處清淨無二

癡清淨何以故是癡清淨與眼處清淨無二
無二分無別無斷故癡清淨即耳鼻舌身
意處清淨耳鼻舌身意處清淨即癡清淨
何以故是癡清淨與耳鼻舌身意處清淨
無二無二分無別無斷故善現癡清淨即色
處清淨色處清淨即癡清淨何以故是癡清
淨與色處清淨無二無二分無別無斷故癡
清淨即聲香味觸法處清淨聲香味觸法
處清淨即癡清淨何以故是癡清淨與聲
香味觸法處清淨無二無二分無別無斷
故善現癡清淨即眼界清淨眼界清淨即
癡清淨何以故是癡清淨與眼界清淨無
二無二分無別無斷故癡清淨即色界眼
識界及眼觸眼觸為緣所生諸受清淨色

何以故是處清淨與耳界乃至耳觸為緣
所生諸受清淨無二無二分無別無斷故
善現處清淨即耳界清淨耳界清淨即處
清淨何以故是處清淨與耳界清淨無二無
二分無別無斷故處清淨即聲界耳識界及
耳觸耳觸為緣所生諸受清淨聲界乃至耳
觸為緣所生諸受清淨即處清淨何以故是
處清淨與聲界乃至耳觸為緣所生諸受清
淨無二無二分無別無斷故善現處清淨即
鼻界清淨鼻界清淨即處清淨何以故是處
清淨與鼻界清淨無二無二分無別無斷故
處清淨即香界鼻識界及鼻觸鼻觸為緣
所生諸受清淨香界乃至鼻觸為緣所生諸
受清淨即處清淨何以故是處清淨與香界乃
至鼻觸為緣所生諸受清淨無二無二分無

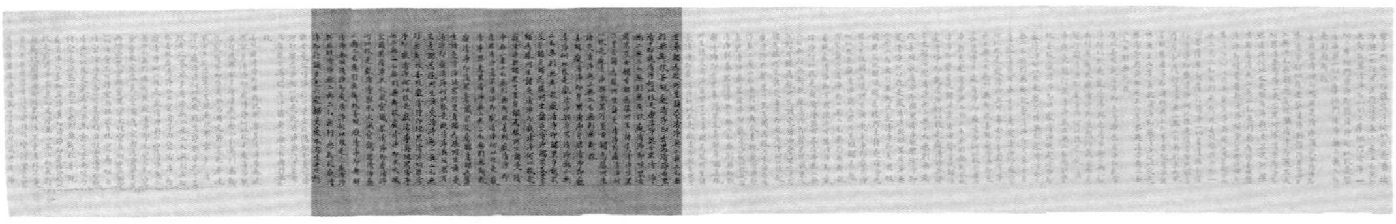

至鼻觸爲緣所生諸受清淨無二無二分無
別無斷故善現癡清淨即舌界清淨舌界
清淨即癡清淨何以故是癡清淨與舌界清淨
無二無二分無別無斷故癡清淨即味界舌
識界及舌觸舌觸爲緣所生諸受清淨味界
乃至舌觸爲緣所生諸受清淨即癡清淨何
以故是癡清淨與味界乃至舌觸爲緣所生
諸受清淨無二無二分無別無斷故
善現癡清淨即身界清淨身界清淨即癡
清淨何以故是癡清淨與身界清淨無二無
二分無別無斷故癡清淨即觸界身識界
及身觸身觸爲緣所生諸受清淨觸界乃至身
觸爲緣所生諸受清淨即癡清淨何以故是
癡清淨與觸界乃至身觸爲緣所生諸受清
淨無二無二分無別無斷故善現癡清淨即

意界清淨意界清淨即癡清淨何以故是癡
清淨與意界清淨無二無二分無別無斷故
癡清淨即法界意識界及意觸意觸為緣所
生諸受清淨法界乃至意觸為緣所生諸受
清淨即癡清淨何以故是癡清淨與法界乃
至意觸為緣所生諸受清淨無二無二分無
別無斷故善現癡清淨即地界清淨地界清
淨即癡清淨何以故是癡清淨與地界清淨
無二無二分無別無斷故癡清淨即水火風
空識界清淨水火風空識界清淨即癡清淨
何以故是癡清淨與水火風空識界清淨無
二無二分無別無斷故善現癡清淨即無明
清淨無明清淨即癡清淨何以故是癡清淨
與無明清淨無二無二分無別無斷故癡清
淨即行識名色六處觸受愛取有生老死愁

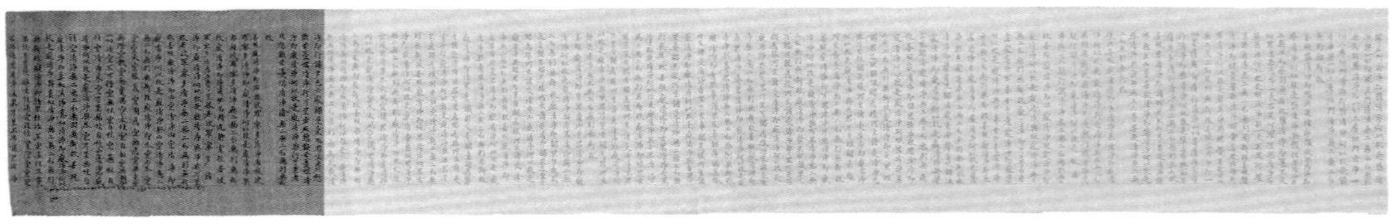

淨即行識名色六處觸受愛取有生老死愁
歎苦憂惱清淨行乃至老死愁歎苦憂惱清
淨即處清淨何以故是處清淨與行乃至老
死愁歎苦憂惱清淨淨無二無二分無別無斷
故
善現處清淨即布施波羅蜜多清淨布施波
羅蜜多清淨即處清淨何以故是處清淨與
布施波羅蜜多清淨無二無二分無別無斷
故處清淨即淨戒安忍精進靜慮般若波
羅蜜多清淨淨戒乃至般若波羅蜜多清
淨即處清淨何以故是處清淨與淨戒乃至
般若波羅蜜多清淨無二無二分無別無斷
故善現處清淨即內空清淨內空清淨即
處清淨何以故是處清淨與內空清淨無二

ཡ་ལ་ཀན་ནམ་རྡོ་ཨམ་ཤིས་ཅན་ཀ་ལ་ཟོ།།

空空大空勝義空有為空無為空畢竟空
無際空散空無變異空本性空自相空共相空
一切法空不可得空無性空自性空無性自
性空清淨外空乃至無性自性空清淨即處
清淨何以故是處清淨與外空乃至無性自
性空清淨無二無二分無別無斷故善現
處清淨即真如清淨真如清淨即處清淨何以
故是處清淨與真如清淨無二無二分無別
無斷故處清淨即法界法性不虛妄性不變
異性平等性離生性法定法住實際虛空界
不思議界清淨法界乃至不思議界清淨

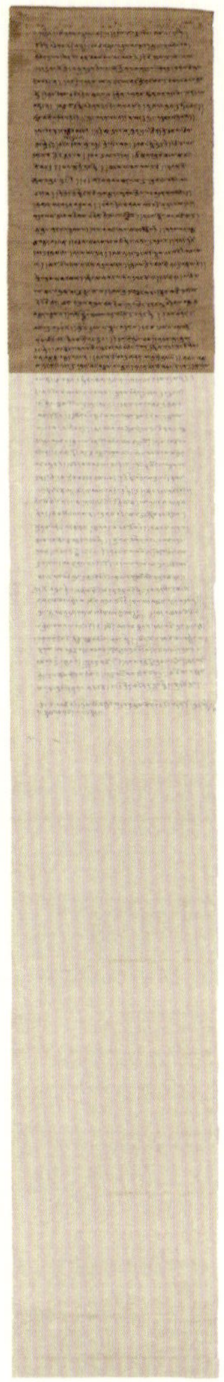

༄། །འཕྲུལ་གྱི་ཐུགས་བསྐྱེད་པར་འདོད་ན། །དཀྱིལ་འཁོར་རྒྱ་བཞི་ཅིག་ཙམ་ཡང་བྲིད་སྟེ། །
རྡོ་རྗེ་སྐུ་བསྒོམས་འདི་མ་གྱི། །འཁོར་ནི་འབུམ་འབུལ་བར་བྱའོ། །ཀྱི་གང་རྒྱ་བཞིང་ངེས། །
གཅིག་བུས་ལ། །ཡིན་ཏེག་སྣ་ཚོགས་སོལ་མར་བཀམ་སྟེ། །དེ་འི་རྡུལ་སུ། །ཡོད་ན་ཅན
འདན་དཀར་པོ་ཀྱི་ད་ན་སྐྱ་གནུས་ཕྲིས་ལ། །མེ་སྒོ་ཀ་ལས་འབྱུང་བ་བཞིན་དུ། །ཐུགས་ཅི་འགྲུས
རྗེས་བརྗོད་ན། །བརྡ་རེ་གཞུགས་ལས་ཞ་གད་ཡན་ཆད་ཀྱི་གང་ཙམ་དུ་འཕགས་པར་འགྱུར
སྟེ། །དེ་ནས་རིགས་འཛིན་དེ་ལ་ཐུགས་པ། །ཕྱག་བཀུགས་ཀྱིན་ལམ་གནང་ཅིང་། །བསྒྲོད་དམ
བསྒྲུ་ན། །བརྡ་ཀོ་རུ་སྐྱ་བསྒོམས་ཅིད་ཅིད་བཀུག་ནས་སྟེ། །སྐུ་མདོག་སྤུམ་དུ་སྣོད་ཅིང་། །
སྔོམ་བཅུ་བཞིན་འགྱུར་ཏེ། །ལུང་བསྟན་པར་འདོད་ན་ཡང་། །ལུང་བསྟན་ཐ་པ་ཞིབ་པའོ། །
ཐུགས་རེས་ལྷ་དང་[struck] །།འདྲེ་མ་ཐུངས་པ་ཀུན་རྒྱལ་ཆིག །ཀྱི་ཅན་བ་གཅིག
ཀྱིན་དང་རྒྱན་ངང།
གུང་གྱི་དགྱི། །མདོན་རྟགས་ཀྱི་འབྱུང་གྱི་སྲིད་པས། །གཙང་སྐྱ་སྐྱེད་དེ། །ཅི་ལ་ཡང་
དགས་པ་འི་དེ་འི་རྒྱུད་ལས། །ལས་བྱ་བར་འདོད་ན། །ཀོ་ཕྱག་བརྒྱ་འི་གྲངས་མ་ཚང་
ནི་བར་དུ། །ལས་སུ་ཀྱི་བྱང་སྟེ། །གྲངས་ངང་ནས་ལས་བྱ་འོ། །ཐུགས་ནི་
[illegible]

[illegible] ན། ། [illegible]

།སྔགས་ལན་བདུན་བཟླས་ན། །འཇིག་རྟེན་ན་གནས་པ་འདི་མ་དད་པ་དང་། །

གདུག་པ་མ་དད་པ་རིགས་འཛིན་གྱི་ཞལ་པ་རྡོ་རྗེའོ། །བཟང་སྲུང་སྲུང་བའི་ནང་དུ།

ཆུ་ཐུལ་ཀར་ཅག་བཅུགས་ལ། །ཞལ་བ་གཙང་མས་མཐའ་འཁོར་སྐོར་ཏེ། །སྔགས་ལན་བརྒྱ་

རྩ་བརྒྱད་བཏབ་ན། །འདི་གདོན་ནམས་དང་མཆེ་སྟེ། །བསྐོལ་དུ་བཏུབ་སོ། །གཞོན་སྨན

དམར་དུ་དཀྲུག་ཅིང་། །བསྐོལ་བར་བྱ། །ཁམ་བུ་དང་བུར་མངར་ཕྱུག་ཅང་པ་དེ་ལ་བཙང་ས

ལ། །མགོ་བོ་ཡ་ཐིག་མ་ཐིག་གདུབ་ས་ནས། །ཆུ་ཁལ་སྒྱུར་ཅམ་གི་ནང་དུ་བསྐོལ་ཏེ། །

སྤྱོད་ཕུས་སུ་ཅམ་ན། །སྨྱུགས་མ་མཆོད་ལ་ཡོག་ནག་པོ་དང་། །ཡོ་སོ་དང་། །ས་ཆེ་ར

ལས་སྦྱང་གསུམ་ནང་དུ་བཅུག་ས་ལ། །ཁམ་བུ་དང་། བུ་རམ་དང་། །ཕྱུག་མའི་ཞག་མ

དེ་དེ་འི་ཚད། །ཆག་གསུམ་གསུམ་ཅམ་དེས་དཀྲུག་ཅིང་། འཇམ་སྦྱོར་བཅུགས་བརྒྱ་རྩ

བརྒྱད་བཟླས་ན། །ཡ་གོད་སྨྱུ་བཞམས་ཅད་མཐོང་དུ་འབྱུང་སྟེ། ། །ནན་བཞིན་དུ༔

བསྐོལ་དུ་བཏུབ་བོ། །ཉི་མ་དུང་ས་པ་སྤྱོལ་གཅིག་པ། །ཉག་མ་དུང་ས་པ་ལས་བསྒྲུ

གས་སྨིའི་གཞོན་སྨན་ལ་ཞི་བར་གྱུར། །དེ་དག་གི་ཁྲིམ་འཆམ། །ཡིན་ས་ཀྲུང་ཀྱང་

དང་སྟེ། །ཞབ་སྐྱོང་ལ་སྔགས་ཆེག་ཅུང་ཟད་བཅུ་དྲི་ཅིང་། །ཡན་། །ཞིམ་འབྱུང་ཀར་ཏི་ཞེས།

ལན་བརྒྱ་རྩ་བརྒྱད་བཏབ་ན། །ནམ་ཞ་ཕོ་བར་དུ་གཞོད་པར་ཟླ་སྒྲ་ཆུས་སོ། །གཅན་ཟན

མ་དད་པ་དམར་དུ་བཀྲུག་ཅིང་བཏུལ་བར་བྱ། །ཀ་ཙན་ཟན་གྱི་གནས་དེ་དག་ཏུ། ཇི་ལྟ་ལ

BD00001v　藏文穢迹金剛類經典或儀軌（擬）

མ་བྱུང་སྟེ་པ་དཔའ་དུ་བཀུག་ཅིང་བཏུལ་བར་བྱ་ན། །ཀུན་ཟིན་གྱི་གནས་དེ་དག་ཏུ། །རྒྱ་རྒྱལ་

ལས་སྐྱོང་རྒྱ་བརྒྱད་ཏུ་སྐྱུན་བསྐྱག་བྱས་ན། །གཙན་ཟན་དེ་དག་འདུས་སོ། ། །

རིགས་འཛིན་མི་གནས་སུ་འོང་ཞིང་། །ཕྱུགས་བཞིན་དུ་བཀོལ་དུ་བཏུབ་བོ།

།ཀྱི་སྐྱེས་སྐྱུམ་པོ་ལ་རྒྱ་དཀྱུད་བར་བྱ་ན། །ཞལ་བ་གཙང་མས་རྒྱ་སྐྱོག་གི་

མཐའ་བསྐོར་ཏེ། །སྲིན་པོའི་སྐྱར་ཆུ་ཕྱལ་གསུམ་སྦྱམ་དེའི་ནང་དུ་བླུགས་

ལ། །ནང་གསུམ་གི་བར་དུ། །ནང་གཅིག་ཀྱང་ཨོཾ་འབྲུང་ཀྱང་ཏེ་སྐྱུགས་པ་བརྒྱ

རྒྱ་བརྒྱད་བཀབ་ན། །རྒྱ་དཀྱིལ་ཆེན་པོ་གཅིག་ཙམ་འབྱུང་ངོ་། །ཡེས་དཔ་རྣམ་བར

འཇོར་ན། །སྔགས་སྐྱོང་བརྒྱ་རྒྱ་བརྒྱད་བཟླས་པས། །ཡེས་དཔ་ཐབས་པ་སྤྱོད

པར་འགྱུར་ཏེ། །འདོད་པ་ཐམས་ཅད་ཀྱང་རྫོགས་སོ། །ཆེད་ལྔ་ཚོགས་བསྒྲུབ་པར

ནུ་ན། །ཅི་ཀྱུས་ཀྱིས་ཐ་འཇིགས་རྒྱུ་བས། །རྡོ་རྗེ་སྣ་བསྐུགས་རྒྱ་བ་འདི་རྣམས

ལ། །སྐྱོང་པོ་ཉང་སྣ་ཚོགས་བསམ་པ་བཞིན་དུ་རྫོང་ངོ། །ཨོཾ་འབྲུང་ཀྱང་ཏེ་བཟོད།

རིན་པོ་ཆེ་གཏེར་ཀར་ན་ཡོད་པའི་ནང་དུ་ཨེ་ཀྱི་ན། །དས་གཙང་མ་གཅིག་གི

སྐྱང་དུ། །རིམ་ཕྱིར་བཞག་སྟེ། །རྒྱ་རྒྱལ་བསྐྱུགས་ལ་དུང་སྐྱེ་རལ་གྱིས་ཅིག །

སྤྱུགས་བཞིད་བསྐྱན་ནས། །རྒྱ་བཞིད་མ་རིམས་ཕྲིས་ཏེ། །མཆིམས་བཙད་ལ།

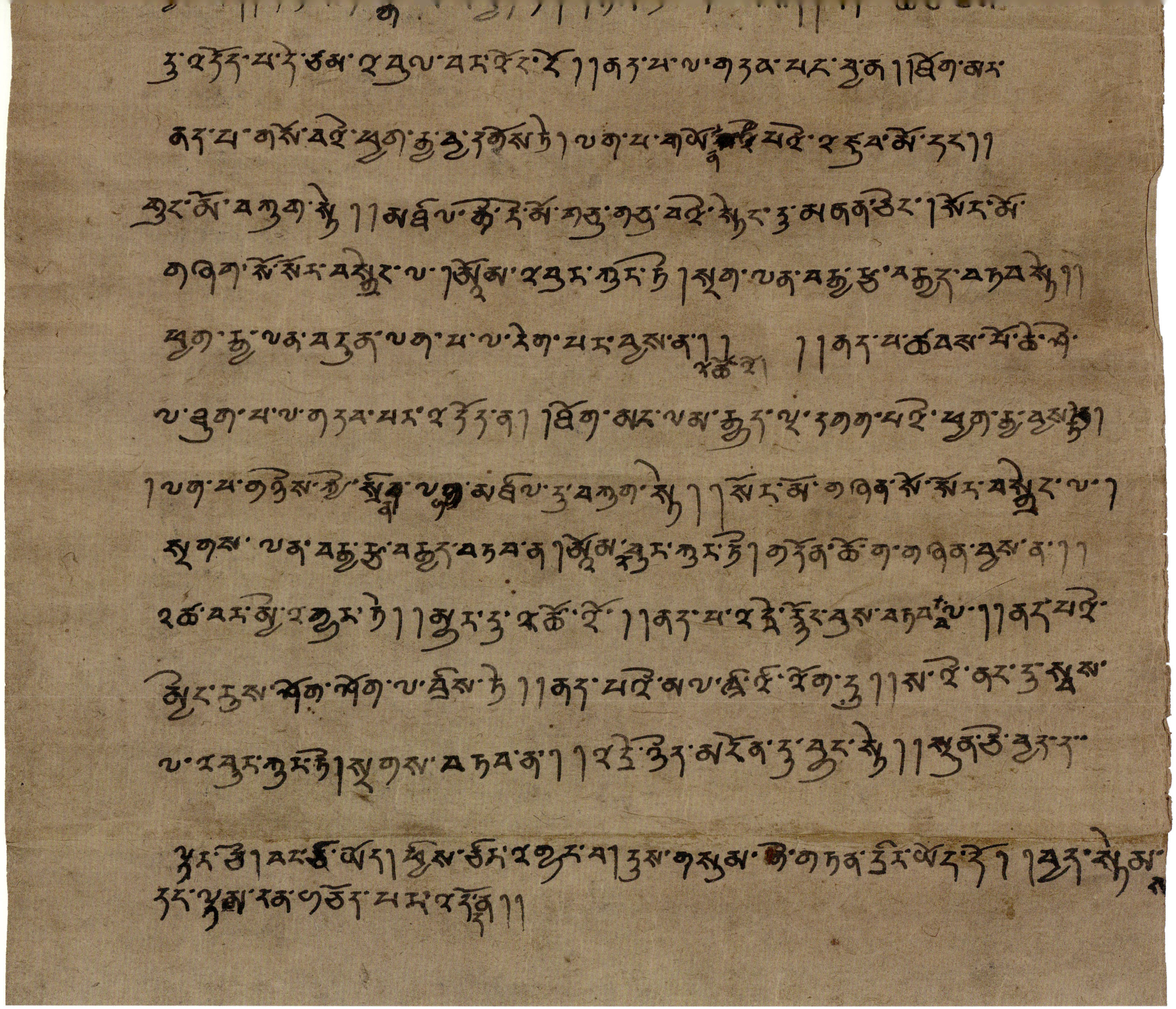
ཏུ་འདྲེན་པ་དེ་ཙམ་འཁྲུལ་བར་ཟད་དོ། །གནད་པ་ལ་གཏན་པར་བྱུན། །ཞིག་མར
ནད་པ་གསོ་བའི་ཕྱག་རྒྱ་རྒྱ་དགོས་ཏེ། །ལག་པ་གཡོན་པའི་འཇུབ་མོ་དང་། །
གྱུང་མོ་བཀུག་སྟེ། །མཐིལ་ཀྱ་དེ་མོ་གཙུ་གཙུ་བའི་སྟེང་དུ་མཁན་ཅིང་། །སོར་མོ
གཞན་སོ་སོར་བསྒྲུང་ལ། །སྒོམ་འབྱུར་གྱུར་ཏེ། །ཕྱག་ལག་བརྒྱ་རྩ་བརྒྱད་བཏབ་སྟེ། །
ཕྱག་རྒྱ་ལག་བདུན་ལག་པ་ལ་རེག་པར་བྱས་ན། །ཉེ་ཚེ། ། །ནད་པ་ཚབས་པོ་ཆེ་ལ
ལ་བྱུག་པ་ལ་གཏན་པར་འདོད་ན། །ཞིག་མང་ལམ་རྒྱུད་ལ་དགག་པའི་ཕྱག་རྒྱ་བྱས་ཏེ།
།ལག་པ་གཉིས་ཀྱི་སྒྲོབ་ལྒྱ་མཐིལ་དུ་བཀུག་སྟེ། །སོར་མོ་གཞན་སོ་སོར་བསྒྲུང་ལ། །
ཕྱག་ས་ལག་བརྒྱ་རྩ་བརྒྱད་བཏབ་ན། །སྒོམ་འབྱུར་གྱུར་ཏེ། །གདོན་ཅི་ག་གཞན་བྱས་ན། །
འཚེ་བར་གྱི་འགྱུར་ཏེ། །གྱུར་དུ་ཆོ་འོ། །ནད་པ་འདྲེ་རྡོར་བྱས་བཏབ་ལ། །ནད་པའི
སྙིང་ཀྱུས་ཕྱག་ལག་ལ་བྲིས་ཏེ། །ནད་པའི་མལ་ཁྲི་འི་འོག་ཏུ། །ས་འི་ནང་དུ་སྦས
ལ་འབྱུང་གྱུར་ཏེ། །ཕྱག་ས་བཏབ་ན། །འདི་ཉིད་མདོན་དུ་གྱུར་སྟེ། །སྙིང་ཅི་གྱུར་ད
ཕྱར་ཅི། །ཁང་ཆ་ཡོད། །སྐྱེས་ཅིར་འགྱུར་བ། །དུས་གསུམ་གྱི་གཏན་ཏིང་ཡོད་དེ། །གཞུང་སྒོམ
དང་ཕྱག་རྒྱ་དག་ཁ་ཅིང་པ་པར་འདོགས། །

BD00001v　藏文穢迹金剛類經典或儀軌（擬）

BD00002 佛名經（十六卷本）卷一三

BD00002v-1 雜寫

BD00002v-2 轉帖（擬）

1160.2cm×29.9cm

佛說佛名經卷第十三

舍利弗應敬礼十方諸佛

南无不動佛　南无盡聖佛

南无日光佛　南无龍奮迅佛

南无自在光明稱佛　南无十光佛

南无普賢佛　南无稱自在佛

南无勝威攝弗　南无美意弗

南无寶幢佛　南无智山佛

南无日光佛　南无生勝佛

南无弥留藏佛　南无智海佛

南无大精進佛　南无弥留功德佛

南无勝藏佛　南无智德佛

南无能與无畏佛　南无大精進趣王佛

南无智[illegible]光弗　南[illegible]弗

南无地大住持精進佛　南无本[illegible]合[illegible]佛
南无善眼佛　南无不害法王佛
南无減摩佛　南无不可思議精進佛
南无觀功德佛　南无智頻婆佛
南无阿僧伽力精進佛　南无心自在佛
南无崇荷難陁佛　南无式光佛
南无賢上王佛　南无无邊光王佛
南无无盡智藏佛　南无寶雨頭佛
南无智波婆羅佛　南无毗尼稱佛
南无无邊功德王佛　南无法華婆師佛
南无光佛　南无妙山王佛
從此以上九千六百佛十二部經一切賢聖
南无轉法輪勝王佛　南无无垢目佛
南无住持大般若佛　南无不住力精進王佛

南无住持大般若佛
南无自在識佛
南无福德力精進佛
南无智自在佛
南无智集佛
南无虛空光明佛
南无阿伽樓功德精進佛
南无法施莊嚴佛
南无讃門佛
南无寶光明勝王佛
南无羅多那弥留佛
南无陁羅尼自在王佛
南无善功德王佛
南无智進一切[illegible]長佛

南无不住力精進王佛
南无現念佛
南无智聚衆王佛
南无安隱衆生无㝵佛
南无摩訶弥留力藏佛
南无離癡功德聲王佛
南无聲自在王佛
南无自在力精進王佛
南无勝一切須弥山王佛
南无不可得動法佛
南无法莎羅王弥留佛
南无智[illegible]對王佛

南无一十世間自在佛　南无善華王佛
南无金于遮那王佛　南无法幢奮迅王佛
南无旃檀波婆羅園遶佛
南无住法分稱佛　南无堅心意精進佛
南无照一切世間燈佛　南无隨衆生心奮迅佛
南无无邊稱莎羅幢佛
南无過去稱法雨佛　南无切德奕華佛
南无智行佛　南无樂威德燈佛
南无離障无畏佛　南无智照聲佛
南无二藏成就佛　南无集妙行佛
南无樂莊嚴王佛　南无阿僧祇莊嚴王佛
南无師子坐善住佛　南无放旃檀華王佛
舍利弗我於此坐以清淨无障㝵過人天眼
[illegible]百千佛多百千

舍利弗我於此坐以清淨无障㝵過人天眼
見東方多百佛多千佛多百千佛多百千
万佛多百千億佛多百千万億那由他佛
无量阿僧祇佛不可思議佛不可量佛種種
名種種姓種種世界種佛國土種種比丘比丘尼
優婆塞優婆夷圍繞種種天龍夜叉乾闥
婆阿脩羅迦樓羅緊那羅摩睺羅伽人非人
等圍繞供養我悉現見如觀掌中菴摩勒
菓舍利弗若有善男子善女人比丘比丘尼
優婆塞優婆夷信我語受持讀誦是諸佛
名當洗浴著新淨衣於晝日初分時中分時後
分時夜前分時中分時後分時從坐起偏袒右
肩右膝著地一心稱是佛名供養礼拜作如是
言如來[illegible]

舍利弗是善男子善女人比丘比丘尼優婆
塞優婆夷如是供養礼拜得无量福
舍利弗若欲得聲聞地欲得辟支佛地欲得
阿耨多羅三藐三菩提者當礼十方佛一切
皆得
復作是言是諸福德聚諸佛如來所知我悉
迴向阿耨多羅三藐三菩提
舍利弗應當歸命東方一切諸佛
南无師子奮迅王佛　南无力士自在王佛
南无法自在奮迅佛　南无脩行堅固自在佛
南无法山勝佛　南无寶山佛
南无自在陁羅集佛　南无樹提藏佛
南无无量宿稱佛　南无功德力堅固王佛
南无人尊自在增長佛　南无勝一切世間佛

南无无量宿稱佛　南无切德力堅固王佛
南无人聲自在增長佛　南无勝一切世間佛
南无三世法界佛　南无妙聲吼佛
南无寶地龍王佛　南无法疾吼聲佛
南无香波頭摩擇自在寶城佛
南无光輪佛　南无寶蓮佛
南无切德華佛　南无多供養佛
南无无邊切德王佛　南无增長喜佛
南无師子龍奮迅佛　南无莎羅藏師子步王佛
南无觀諸法佛　南无法華智佛
南无時法清淨佛　南无堅固精進言語佛
南无聲精進佛　南无夾摩尼佛
南无山光明佛　南无清淨无垢藏佛
南无[illegible]月佛　南无青淨眼佛

南无多智佛　南无能作智佛

南无廣智佛　南无力意佛

南无勝意佛　南无法堅固歡喜佛

南无堅固行自在佛　南无善須弥面佛

南无觀成就佛　南无清淨藏佛

南无烏自在佛　南无現摩葉淨葉佛

南无智自在佛　南无智精進奮迅佛

南无无畏精進佛　南无世間自在佛

南无法行廣意佛　南无福德成就佛

南无不怯弱成就佛　南无勝成就佛

南无龍觀佛　南无須旃檀佛

南无作戒王佛　南无右无聚集寶佛

南无龍王聲佛　南无大智精進佛

南无无孤獨精進佛

南无无孤獨精進佛

從此以上九千七百佛十二部經一切賢聖

南无不滅莊嚴佛　南无不動足化佛

南无百切德莊嚴佛　南无自在諸相好稱佛

南无自在因陁羅月佛　南无法華山佛

南无法界莊嚴佛　南无滿足願佛

南无大師莊嚴佛　南无師子平等精進佛

南无脩行自在堅固佛　南无樂法脩行佛

南无勝慧佛　南无海步佛

南无大如脩行佛　南无高光明佛

南无无諍智佛　南无師子聲佛

南无善報佛　南无善住佛

南无道□首佛　南无□自□□佛
南无善見佛　南无无濁義佛
南无勝意佛　南无人月佛
南无威德光佛　南无普明佛
南无大莊嚴佛　南无師子奮迅去佛
南无摩樓多愛佛　南无寂心佛
南无大步佛　南无可聞聲佛
南无積功德佛　南无摩尼向佛
南无愛照佛　南无名稱佛
南无信功德佛　南无清淨智佛
南无寶功德佛　南无妙信香佛
南无熱園佛　南无勝仙佛
南无寶智佛　南无甘露威德佛
南无藏信佛　南无月上勝佛

南无藏信佛　南无月上勝佛
南无龍步佛　南无信黠慧佛
南无愛寶語佛　南无憂波羅香佛
南无旃檀自在佛　南无歊勝佛
南无善行佛　南无功德勝佛
南无大威德佛　南无種種色日佛
南无過諸過佛　南无无量眼佛
南无慚愧智佛　南无功德供養佛
南无種種聲佛　南无功德可樂佛
南无任清淨佛　南无妙香佛
南无月光佛　南无戒分佛
南无華智佛　南无憂多摩意佛
南无不闍意佛　南无山自在積佛
南无[illegible]王佛　南无[illegible]王佛

南无阿踰弥留王佛　南无如意力稱去佛
南无姓阿提遮佛　南无不讚歎世間勝佛
南无法滌佛　南无寶星宿解脫王佛
南无白寶勝佛　南无法行自在佛
南无陁羅尼自在佛　南无阿難陁聲佛
從此以上九千八百佛十二部經一切賢聖
南无智步王佛　南无弥留平等奮迅王佛
南无智奮迅佛　南无法華通樹提佛
南无多波尼體佛　南无阿尼伽陁路摩勝佛
南无憂多羅勝法佛　南无大智念縛佛
南无闍伽提自在一切世間攝佛
南无見无无畏佛　南无自畏住佛
南无自在量佛
舍利弗我見南方如是等无量佛種種名種

南无自在量佛
舍利弗我見南方如是等无量佛種種名種
種姓種種佛國土汝等應當至心歸命
舍利弗應當歸命西方无量佛
南无阿婆羅奕婆羅華佛
南无摩尼沙口聲去佛
南无智勝增長稱佛
南无歌羅毗羅奕華光佛
南无无等勝佛
南无梵聲奮迅妙鼓聲佛
南无波頭摩尸利藏眼佛
南无阿僧伽意奕佛
南无樂去行佛
南无薩濩多波尸佛
南无法行燈佛
南无智奮迅名稱王佛
南无千月光明藏佛
南无摩尼娑迦光佛

南无師子廣目佛　南无一[illegible]勝佛
南无智作佛　南无无邊精進降佛
南无一切諸怨佛　南无大勝起法佛
南无阿无荷見佛　南无无邊命佛
南无不利他意佛　南无觀法智佛
南无无导精進日善思惟奮迅王佛
南无无邊見佛　南无智見法佛
南无一切善根種子佛
南无憂多智勝發行切德佛
南无智香勝佛　南无智上尸棄王佛
南无福德勝智王佛　南无不思議法華吼王佛
南无法清淨勝佛　南无不可思議弥留勝佛
南无能開法門佛　南无毗盧遮那法海香王佛
南无力王善住法王佛　南无勝力散一切惡王佛

南无能開法門佛
南无[illegible]盡遮那法海[illegible]王佛
南无力王善住法王佛
南无勝力散一切惡王佛
南无見无邊樂佛
南无善化功德炎華王佛
南无彼乙見岸佛
南无善化莊嚴佛
南无見樂處佛
南无尼拘律王勝佛
南无妙勝佛
南无大力智惠奮迅王佛
南无法樹提佛
南无堅固蓋成就佛
南无一切種智資生勝佛
南无入勝智自在王佛
南无一切世間得自在有攜梁勝佛
南无盡合勝佛
南无清淨式功德王佛
南无波頭摩散湯撈智多莊嚴佛
南无一王佛
南无大多人安隱佛
南无二勝聲功德佛
南无圓堅佛
南无力[illegible]佛
南无寶[illegible]華[illegible]佛

南无大法[illegible]佛　南无大[illegible]王佛

南无不住佛　南无不空功德佛

南无初遠離不濁稱佛　南无虛空行佛

南无无㝵稱佛　南无聲山佛

南无不可思議起三昧稱佛

南无諸天梵王雞兜佛

南无亦无義王佛　南无謙垢王佛

南无照功德佛　南无自在眼佛

南无智窮成就住佛　南无无障智成就佛

南无說決定義佛　南无莊嚴法燈妙稱佛

南无二寶法燈佛　南无火炎藏佛

南无自師子上身莊嚴佛　南无智寶因緣莊嚴佛

南无眼諸根清淨眼佛　南无善香隨波頭摩佛

南无法佛　南无廣佛

南无毗訶札清淨眼佛　南无善書隨波頭摩佛
南无法佛　南无廣佛
從此以上九千九百佛十二部經一切賢聖
南无成切德佛　南无常鏡佛
南无隨順稱佛　南无法自在佛
南无如意莊嚴佛　南无藏佛
南无憒貪佛　南无思妙義堅固願佛
南无一切德輪光佛　南无法孔智明佛
南无甘露光佛　南无无邊莊嚴佛
南无勝福田佛　南无善決定諸佛法莊嚴佛
舍利弗西方如是等无量无邊佛汝當至心歸命
南无无导智成就佛
次礼十二部尊經大藏法輪

南无獨居思惟自念經　南无長者須達經
南无獨思惟意中念經　南无无本經
南无擅若經　南无月明童子經
南无无憂施經　南无无思議孩童經
南无隨藍經　南无法律三昧經
南无給孤獨四生家門受施經
南无禪行法相經
南无法受塵經　南无頻多和多經
南无羅云毋經　南无嚴調經
南无七處三觀經　南无貧女經
南无七女經

次禮十方諸大菩薩

南无金剛色世界法首菩薩

次礼十方諸大菩薩
南无金剛色世界法首菩薩
南无頗梨色世界智首菩薩
南无如實色世界賢首菩薩
南无因陁羅世界法慧菩薩
南无蓮華世界一切慧菩薩
南无衆寶世界勝慧菩薩
南无憂鉢羅世界功德慧菩薩
南无妙行世界精進慧菩薩
南无善行世界善慧菩薩
南无歡喜世界智慧菩薩
南无星宿世界真實菩薩
南无[illegible]世界无上慧菩薩

南无虚空世界陁因慧菩薩
南无衆寶金剛藏世界觀勝法妙清淨王菩薩
南无无量慧世界功德菩薩
南无幢慧世界惠林菩薩
南无地慧世界勝林菩薩
南无勝惠世界无畏菩薩
南无燈慧世界慙愧林菩薩
南无金剛慧世界精進菩薩
南无安樂慧世界力成就林菩薩
南无日慧世界堅固林菩薩
南无清淨慧世界如來林菩薩
南无梵慧世界智林菩薩
次礼聲聞緣覺一切賢聖
南无善吉辟支佛　南无不可心辟支佛

次礼聲聞緣覺一切賢聖
南无善吉辟支佛　南无不可心辟支佛
南无善住辟支佛　南无无比辟支佛
南无憍慢辟支佛　南无劬多辟支佛
南无斷愛辟支佛　南无目辟支佛
南无心得解脫辟支佛　南无優波目辟支佛
南无吉辟支佛　南无差摩辟支佛
歸命如是等无量无邊辟支佛
礼三寶已次復懺悔
已懺悔地獄報竟今當復次懺悔三惡道報
經中佛說多欲之人多求利故苦惱亦多知足之
人雖卧地上猶以為樂不知足者雖處天堂
猶不稱意但世間人忽有急難便能捨財
不計多少而不[illegible]

不還佞靡門論多有知識勸營功德令作
來善法資粮執此慳心无肯作理夫如此者
擬為愚惑何以故尒經中佛説生時不賷一文
而來死亦不持一文而去苦身積聚為之憂
惱於已无益徒為他有无善可恃无德可怙
致使命終墮諸惡道是故弟子等今日督顙
懇到歸依佛

南无東方大光明曜佛　南无南方盡空住佛
南无西方金剛步佛　南无北方无邊力佛
南无東南方无邊王佛　南无西南方壞諸怨賊佛
南无西北方離垢光佛　南无東北方金色光音佛
南无下方師子遊戲佛　南无上方月幢王佛

如是十方盡虛空界一切三寶至心歸命常住三寶
弟子等今日次復懺悔畜生道中无所識知罪報

弟子等今日次復懺悔畜生道中无所識知罪報
懺悔畜生道中負重牽犁償他宿債罪報
懺悔畜生道中不得自在為他斫剝屠割罪
報懺悔畜生道中无足二足四足多足罪報懺
悔畜生道中身諸毛羽鱗甲之内為諸小虫
之所唼食罪報如是畜生道中有无量罪
報今日至誠皆悉懺悔至心歸命常住三寶
次復懺悔餓鬼道中長飢罪報懺悔餓鬼百
千万歲初不曾聞漿水之名罪報懺悔餓鬼
食噉膿血糞穢罪報懺悔餓鬼動身之時一切
枝節火然罪報懺悔餓鬼腹大咽小罪報如
是餓鬼道中有无量苦報今日發顙皆悉懺
悔□心頂禮常住三寶

次復懺悔一切鬼神脩羅道中誑言綺罪報
懺悔鬼神道中擔沙負石塡河塞海罪報懺
悔鬼神羅刹鳩槃荼等諸惡鬼神生噉肉血
受此醜陋罪報如是鬼神道中无量无邊一
切罪報今日普顙向十方佛大地菩薩求哀
懺悔悉令消滅至心頂礼常住三寶
願弟子等承是懺悔畜生等報所生功德生
生世世滅愚癡垢自識業緣智慧明照斷惡
道身願以懺悔餓鬼等報所生功德生生世世
永離慳貪餓渴之苦常食甘露解脫之味
願以懺悔鬼神脩羅等報所生功德生生世世
質直无諂離邪命因除醜陋果福利人天
願弟子等從今以去乃至道場決定不受四
惡道報唯除大悲爲衆生故以誓願力處之

願弟子等從今以去乃至道場永不受四
惡道報唯除大悲為衆生故以誓願力處之
无猒至心頂礼常住三寶
舍利弗汝當至心歸命北方佛
南无勝藏佛　南无自在藏佛
南无无邊華龍一俱蘓摩生佛
南无降伏諸魔勇猛佛
南无定諸魔佛　南无法像佛
南无功德勝佛　南无山降光佛
南无法王佛　南无善恭敬燈佛
從此以上一万佛十二部經一切賢聖
南无地勝佛　南无成就如來家佛
南无一切寶成就稱佛　南无陁羅尼文句決定義佛
南无悲自在王佛　南无六成就[illegible]切稱佛

南无三世智輪自在佛　南无勝最依功德善住佛
南无種種摩尼光佛　南无勝功德佛
南无佛功德勝佛　南无无餘燈佛
南无得佛眼佛　南无隨過去佛
南无大慈成就悲勝佛　南无住持師子智佛
南无无量衆生住寶際王佛　南无自家法不得成就佛
南无大智莊嚴身佛　南无智稱佛
南无佛法首佛　南无一切衆生德佛
南无過一切法門佛　南无自在囙陁羅佛
南无足滿意佛　南无大瑠璃佛
南无菩提光明佛　南无不可思議法智光明佛
南无真擅不空王佛　南无不染波頭摩幢佛
南无法財聲王佛　南无釋法善知稱佛
南无智積功佛　南无常根清淨〻色[illegible]佛

[illegible]佛
南无法財聲王佛
南无智積劫佛
南无智自在稱佛
南无衆生方便自在王佛
南无无邊覺奮迅无㝵思惟佛
南无法行地善住佛
南无降伏諸魔力堅意佛
南无如寶脩行藏佛
南无大覺奮迅佛
南无无觀王佛
南无佛國土莊嚴身佛
南无化身无㝵稱佛
南无法聲自在佛

南无[illegible]頭摩[illegible]佛
南无釋法善知稱佛
南无佛眼清淨分陁利佛
南无斷无邊疑佛
南无善衆生界廣佛
南无天王自在寶合王佛
南无能生一切歡喜月見佛
南无種種摩尼聲吼王佛
南无不退了勇猛佛
南无智根本華幢佛
南无一切龍摩尼藏佛
南无法[illegible]佛

南无无邊寶稱[illegible]佛
南无大法法華行佛
南无大法王華勝佛
南无一切盡无盡藏佛
南无花山藏佛
南无智虛空山佛
南无智力不可破壞佛
南无无㝵堅固随順智佛
南无无邊大海藏佛
南无智王无盡稱佛
南无奮迅心意王佛
南无自性清淨智佛
南无智自在法王佛
南无勝行王佛
南无金剛見佛
南无法滿足随香見佛
南无龍月佛
南无因陁羅園佛
南无无㝵王佛
南无寶因陁羅輪王佛
南无能生一切衆生敬稱佛
南无能斷一切衆生疑佛
南无火威德光明輪王佛
南无智寶法見佛

南无火威德光明輪王佛
南无智寶法見佛
南无无障㝵波羅佛　南无无垢琚佛
南无放光明佛　南无堅固无畏上首佛
南无心自在王佛　南无山力月藏佛
南无堅固勇猛寶佛　南无堅固心善住王佛
南无能破闇曀王佛　南无勝丈夫分陁利佛
南无百聖藏佛　南无妙蓮華藏佛
南无見平等法法身佛　南无衆生月佛
南无師子去佛　南无大威德佛
南无妙聲佛　南无无邊光佛
南无見愛佛　南无大首佛
南无像首佛　南无樂聲佛

南无見寶佛　南无□稱佛

從此以上一万一百佛十二部經一切賢聖

南无師子慧佛　南无德聲佛

南无脩摟毗香佛　南无電燈佛

南无波頭摩光佛　南无大光佛

南无梵聲佛　南无无髮佛

南无无邊勢力佛　南无月面佛

南无邊光佛　南无愛威德佛

南无散髮佛　南无功德燈佛

南无不藏威德佛　南无无邊藏佛

南无光明奮迅王佛　南无廣稱佛

南无遠離幢佛　南无增長聖佛

南无善見佛　南无不可勝佛

南无善見佛　南无不可勝佛
南无堅固步佛　南无威德聚佛
南无摩菟睺稱佛　南无无邊色佛
南无大光明佛　南无妙聲佛
南无不動步佛　南无无邊莊嚴佛
南无大清淨佛　南无成威德聚光明佛
南无住智佛　南无堅佛
南无愛解脫佛　南无愛无畏佛
南无甘露藏佛　南无善觀察佛
南无大脩行佛　南无細威德佛
南无十方恭敬佛　南无光明勝佛
南无重説佛　南无光明莊嚴佛
南无師子奮迅佛　南无[illegible]佛

南无七寶步佛　南无月光明佛
南无功德稱佛　南无去根佛
南无清淨聲佛　南无无导輪佛
南无甘露聲佛　南无衆生可敬佛
南无如意威德佛　南无无邊色佛
南无大力佛　南无决庄嚴佛
南无善照觀佛　南无奮迅德佛
南无妙色佛　南无稱意佛
南无寶庄嚴佛　南无高光明佛
南无解脫步佛　南无功德庄嚴佛
南无畢竟智佛　南无生雞兒佛
南无不動智佛　南无行意佛
南无妙色佛　南无寶色佛

南无妙色佛　南无寶色佛
南无火聲佛　南无善思惟佛
南无切德華佛　南无思惟世間佛
南无大高光明佛　南无无譬喻奮迅佛
南无清淨覺佛　南无无月重佛
南无月燈佛　南无无邊光佛
南无種種日佛　南无天城佛
南无心清淨佛　南无波頭摩藏佛
南无常擇智佛　南无師子聲佛
南无无邊光佛　南无勝聲佛
南无可樂意智光佛　南无切德光佛
南无自在光佛　南无淨嚴身佛
南无无蜀義佛　南无應威惠佛

南无成就義知佛　南无天行大聲佛
南无婆藪陁聲佛　南无聲哆光佛
從此以上一万二百佛十二部経一切賢聖
南无决定思惟佛　南无薩遮婆嵬佛
南无鳴闍光明佛　南无毗弗波威德佛
南无憂多羅魔吒佛　南无夜舍雞兜佛
南无功德清淨佛　南无法燈佛
南无勝功德佛　南无仙荷波提愛面佛
南无心荷步去佛　南无思惟衆生佛
南无菠伽羅香佛　南无波頭摩藏佛
南无蓋仙佛　南无菠羅王佛
南无脩利邪光佛　南无菩提味佛
南无齊諸根佛　南无婆嵬光佛
南无芬陁利光佛　南无孫留光佛

南无寂諸根佛　南无婆㝹光佛
南无芬陁利光佛　南无弥留光佛
南无旃陁面佛　南无薩利荼去佛
南无諸方眼佛　南无法光明佛
南无尸羅波散那佛　南无阿難陁智佛
南无阿難陁色佛　南无地荼毗梨邪佛
南无提婆弥多佛　南无薩湯多智佛
南无寂静光佛　南无摩㝹舍威德佛
南无善分若提他佛　南无稱聖佛
南无稱幢佛　南无輪面佛
南无普清淨佛　南无摩訶提闍佛
南无阿羅訶應佛　南无優多那勝佛
南无恚達他思惟佛　南无愛供養佛
南无一湯多蘿佛　南无差尔佛

南无信菩提佛　南无石[illegible]佛
南无出智佛　南无勝聲佛
南无質多羅婆堯佛　南无弥荷聲佛
南无大奕騫陁佛　南无勝拘吒佛
南无阿鈐加愛佛　南无天國土佛
南无師子難提拘沙佛　南无阿難陁頗佛
南无見愛佛　南无波提波王佛
南无勝難兜佛　南无方聞聲佛
南无愛眼佛　南无旃陁難兜佛
南无阿婆夜達多佛　南无那剎多王佛
南无蘇摩提婆佛　南无日光明佛
南无大彌佛　南无真聲佛
南无訖愛佛　南无彌夏多羅佛

南无訖愛佛
南无彌夏多羅佛
南无摩頭羅光明佛
南无脩佉聲佛
南无質多意佛
南无婆藪陁清淨佛
南无無瞋佛
南无破意佛
南无宿王佛
南无毗伽陁畏佛
南无勝夏多摩佛
南无婆薩那智佛
南无慈勝種種光佛
南无善見佛
南无見月佛
南无降伏諸魔威德佛
南无摩訶羅他佛
南无心荷步去佛
南无樂光佛
南无善護佛
南无清淨意佛
南无成熟義佛
南无香山佛
南无摩尼清淨佛

南无□意光佛　南无見愛佛

南无善思惟佛　南无婆濕多見佛

從此以上一万三百佛十二部經一切賢聖

南无師子幢佛　南无善行見佛

南无大步佛　南无阿羅頻頭波頭摩眼佛

南无日光佛　南无阿弥多清淨佛

南无阿難多摟波佛　南无益天佛

南无羅多那光佛　南无薩羅梯羅多佛

南无善見佛　南无親味佛

南无婆耆羅薩佛　南无脩利邪那耶佛

南无无障㝵眼佛　南无薩荷去佛

南无大然燈佛　南无盧荷伽佛

南无香山佛　南无清淨意佛

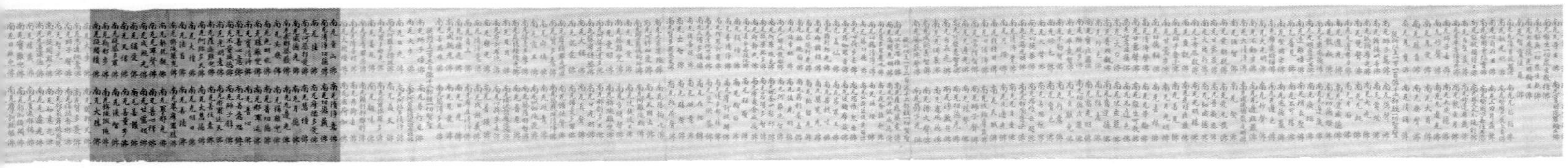

南无香山佛 南无清淨意佛
南无清淨功德佛 南无功德藏佛
南无法佛 南无摩樓多愛佛
南无阿婆邪愛佛 南无慧幢佛
南无威德光佛 南无月德佛
南无求那婆藪佛 南无无邊光佛
南无安樂佛 南无稱雞兜佛
南无光明吼佛 南无善功德佛
南无勝雞兜佛 南无那羅延佛
南无寶清淨佛 南无善心佛
南无善心意佛 南无善意思佛
南无不量威德佛 南无師子髀佛
南无光月慧佛 南无□那羅□□佛

南无薩遮[illegible]步佛　南无善住意佛
南无阿弥多天佛　南无大慧德佛
南无大幢佛　南无光明日佛
南无法首佛　南无善法佛
南无旃陁婆菟佛　南无菴摩羅勝佛
南无解脫櫬佛　南无羅耶光佛
南无无羅聲佛　南无普心擇佛
南无成就光佛　南无甘露眼佛
南无稱愛佛　南无善讓佛
南无天信佛　南无善量步佛
南无提婆多羅佛　南无深智佛
南无斯那步佛　南无旃陁跋陁佛
南无提闍積佛　南无大勝佛

南无提閣積佛
南无大勝佛
南无大步佛
南无閻邪天佛
南无惠達他意佛
南无質多憂佛
南无師子聲佛
南无信提舍那佛
南无智光佛
南无枸蘓摩提閣佛
南无提閣羅尸佛
南无如意光佛
南无无邊威德佛
南无无邊光佛
南无勝藏佛
南无盧遮那稱佛
南无寶雞兜佛
南无郁伽提閣佛
南无日雞兜佛
南无摩訶弥留佛
南无摩訶馥荷佛
南无世間得名佛
南无郁伽德佛
南无憂多摩稱佛
南无戒施義□佛
南无提婆摩□多佛

次禮十二部尊經大藏法輪

南无决揔持經　南无七智經

南无所祇經　南无七車經

南无耆闍崛山解經　南无留多經

南无未生王經　南无三乘經

從此以上一万四百佛十二部經一切賢聖

南无便賢者旃經　南无颰陁悔過經

南无三轉月明經　南无聽施經

南无是時自梵自守經　南无三品脩行經

南无句義經　南无鴈王經

南无須摩經　南无弘道三昧經

南无義决律經　南无須邪越國貧人經

南无齊經　南无等入法嚴經

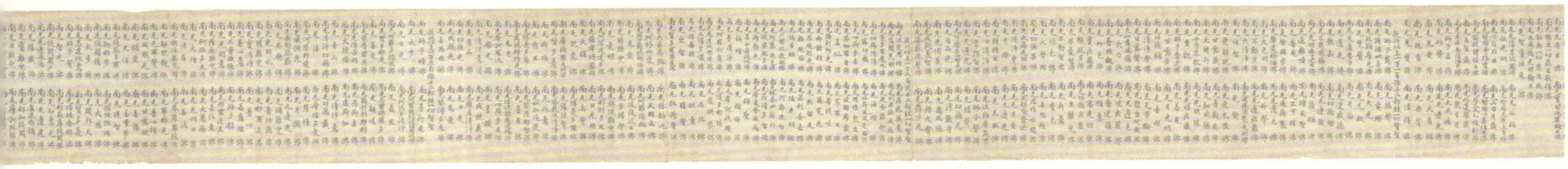

南无齊　經　南无等入法嚴經
次礼十方諸大菩薩
南无堅固寶世界金剛幢菩薩
南无堅固寶王世界猛幢菩薩
南无堅固樂世界堅固幢菩薩
南无堅固金世界夜光幢菩薩
南无堅固摩世界智幢菩薩
南无堅固金剛世界寶幢菩薩
南无堅固蓮華世界精進幢菩薩
南无堅固青蓮華世界離垢幢菩薩
南无堅固旃擅世界宜寶幢菩薩
南无堅固香世界法幢菩薩
南无南方善思議菩薩

南无西无菩薩

南无善吉世界成一切利菩薩

南无善吉世界金光齊菩薩

南无寶樹世界精進首菩薩

南无寶揚世界明首菩薩

南无善觀照世界思於大衆菩薩

南无无憂世界普曜菩薩

南无香勝離垢光明世界普光明惠燈菩薩

南无金剛慧世界淨光菩薩

南无善行世界无勝意菩薩

南无善吉世界明星菩薩

南无寶樹世界无言菩薩

南无歡喜世界蓮華菩薩

南无歡喜世界蓮華菩薩
南无歡喜世界山王菩薩
次礼聲聞緣覺一切菩薩
南无十同名婆羅辟支佛　南无大身辟支佛
南无同菩提辟支佛　南无摩訶男辟支佛
南无心上辟支佛　南无琰淨辟支佛
南无善快辟支佛　南无園陁辟支佛
南无吉沙辟支佛　南无優波吉沙辟支佛
南无斷有辟支佛　南无優波羅辟支佛
南无斷愛辟支佛　南无施婆羅辟支佛
礼三寶已次復懺悔
已懺三塗等報今當復次稽顙懺悔人天餘
報目與冥北閻浮壽命雖日百歲滿者无幾

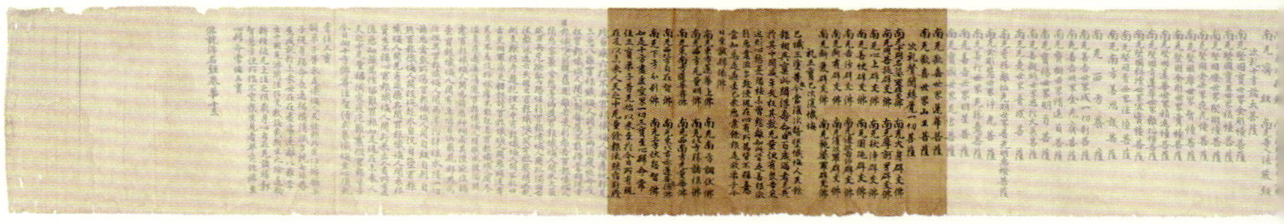

於其中間屈申手於其數无量作種苦

迫形心懷憂恐怯未曾暫離如此皆是善根微

弱惡業滋多致使現在心有所為皆不稱意

當知悉是過去已來惡業餘報是故弟子今

日至誠歸依佛

南无東方蓮華上佛　南无南方調伏佛

南无西方无量明佛　南无北方勝諸根佛

南无東南方蓮華尊佛　南无西南方无量華佛

南无西北方自在智佛　南无東北方赤蓮華德佛（花）

南无下方分別佛　南无上方伏怨智佛

如是十方盡虛空界一切三寶至心歸命常

住三寶弟子等无始以來至於今日所有現

在及以未來人天之中无量餘報流殃宿對瘡

在及以未来人天之中无量餘報流殃宿對癃
殘百疾六根不具罪報懺悔人間邊地邪見
三悪八難罪報懺悔人間多病消瘦促命夭
枉罪報懺悔人間六親眷屬不能得常相保守
罪報懺悔人間親舊彫離苦愛别離苦罪報懺悔人
間怨家聚會愁憂怖畏罪報懺悔人間水火盜
賊刀兵危險驚恐怯弱罪報懺悔人間孤獨困苦
流離波迸亡失國土罪報懺悔人間牢獄繫閉幽執
側立鞭撻考掠抂理不申罪報懺悔人間公私口
舌更相羅涤更相誣謗罪報懺悔人間悪病連年
累月不差抗卧枕席不能起居罪報懺悔人間冬
温夏疫毒厲傷寒罪報懺悔人間賊風腫滿閉
塞罪報懺悔人間爲者悪神伺求其便[illegible]生[illegible]

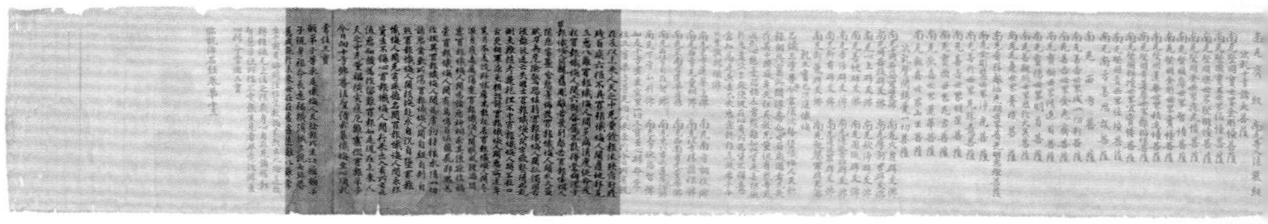

崇罪報懺悔人間有鳥鳴百怪殃禍不男女
作妖異罪報懺悔人間為虎狗豺狼水陸一切
諸惡禽獸所傷罪報懺悔人間自縊自刺自
煞罪報懺悔人間投坑赴水自沉自墜罪報
懺悔人間无有威德名聞罪報懺悔人間衣服
資生不稱心罪報懺悔人間行來出入有所去為
值惡知識為作留難罪報如是現在未來人
天之中无量禍橫災疫厄難衰惱罪報弟子
今日向十方佛尊法聖僧求哀懺悔至心頂禮
常住三寶
願弟子等承是懺悔人天餘報所生功德願弟
子現身福命長遠禍橫消滅多饒七珎眷
屬成就於未來世在在處處遠離八難常

[illegible]
屬成就於未來世在在處處遠離八難常
生中國見佛聞法信受教誨截斷生死險道輪
轉種植无上法之根栽身心自在无諸緣鄣
智慧方便所作不空衆生見者畢定作佛至
心歸命常住三寶

佛說佛名經卷第十三

BD00002　佛名經（十六卷本）卷一三

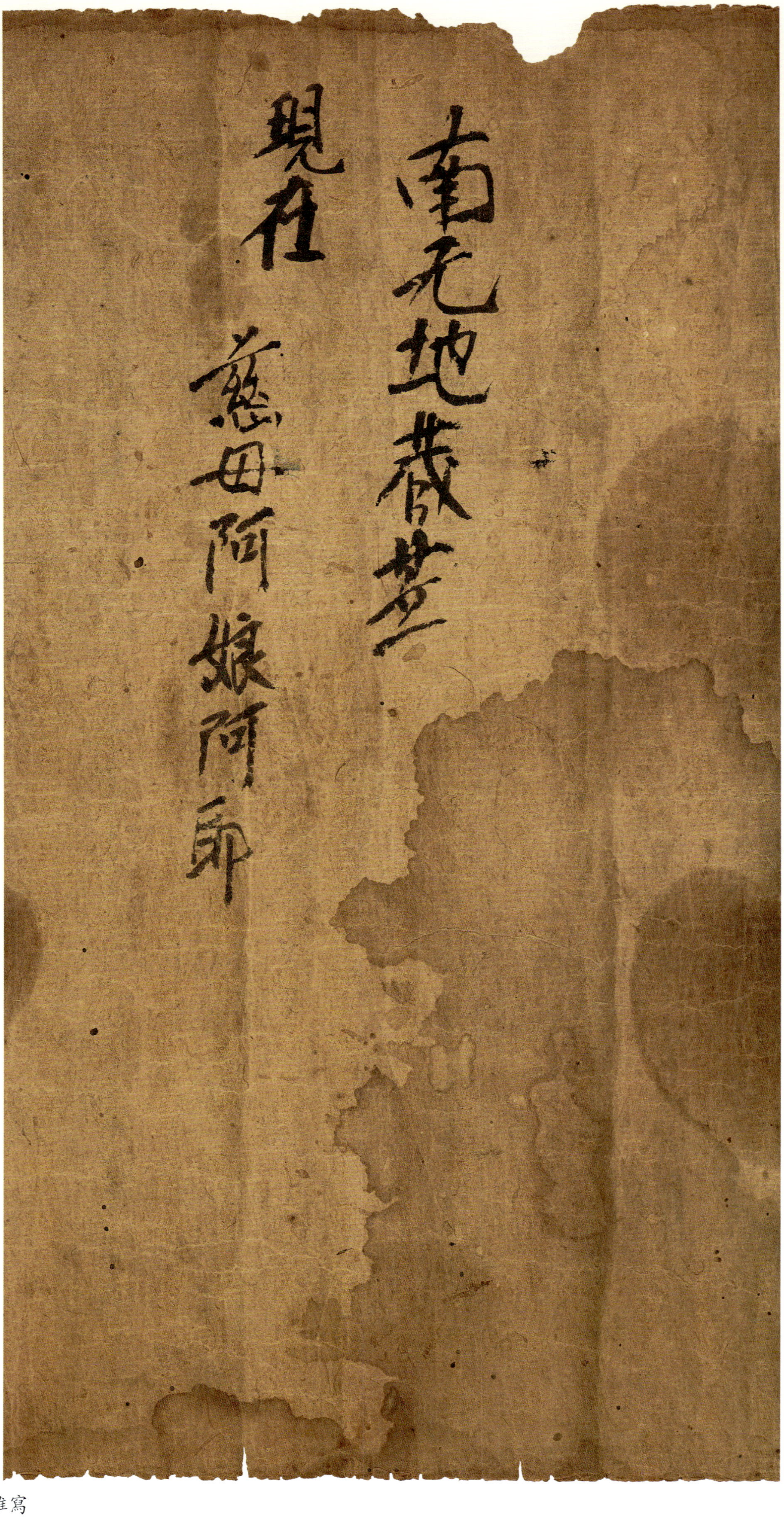
南无地藏𦬇
現在　慈母阿娘阿師

BD00002v-1　雜寫

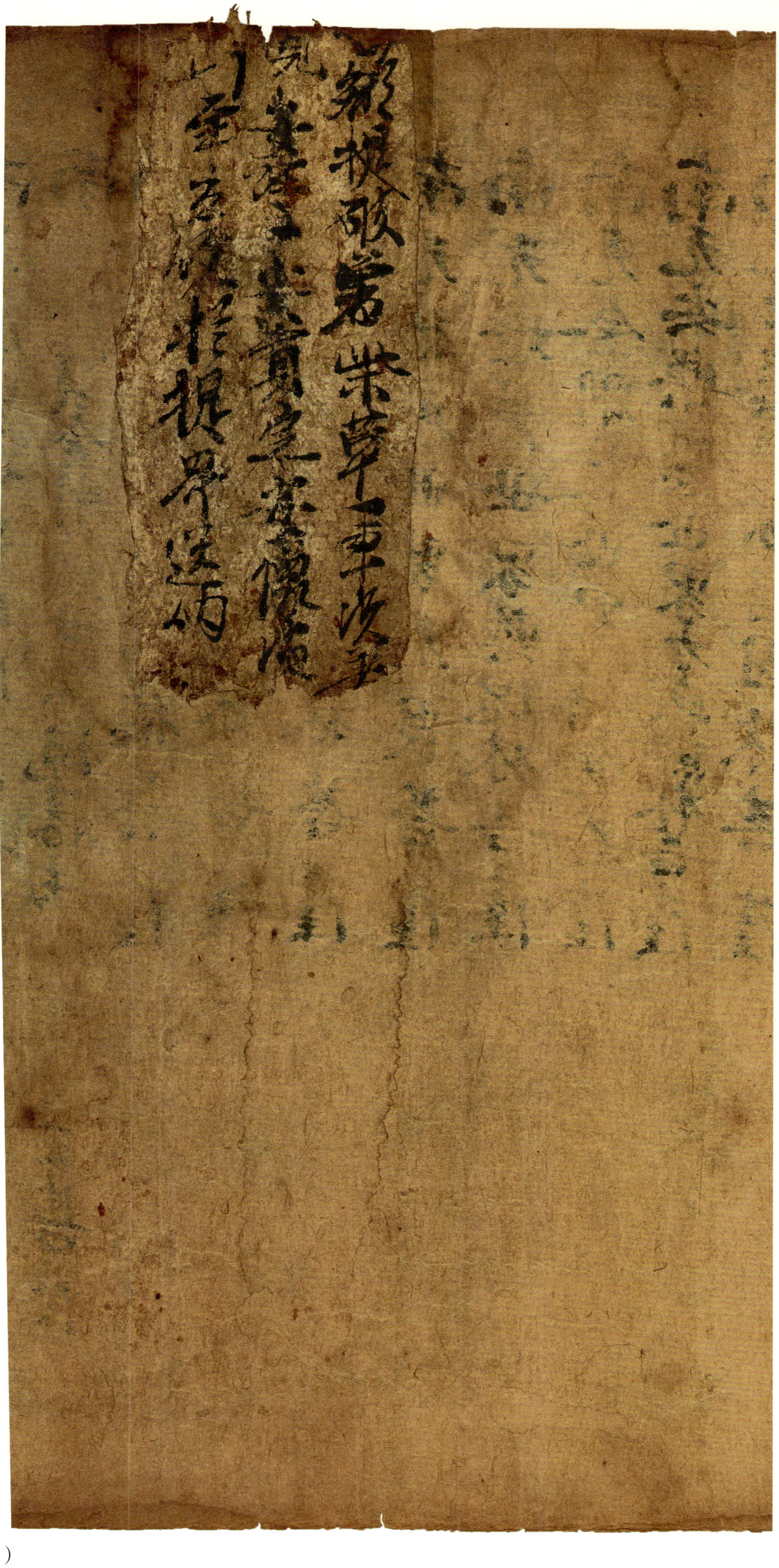

BD00002v-2　轉帖（擬）

BD00003 妙法蓮華經卷六

（後秦）鳩摩羅什 譯

99.3cm × 25.5cm

馬車乘七寶
是布施滿八十年已
娛樂之具隨意所欲然此施
過八十髮白面皺將死不久我當
訓導之即集此衆生宣布法化示教利喜一
時皆得須陁洹道斯陁含道阿那含道阿羅
漢道盡諸有漏於深禪定皆得自在具八解
脫於汝意云何是大施主所得功德寧為多不
彌勒白佛言世尊是人功德甚多无量无邊
若是施主但施衆生一切樂具功德无量何
況令得阿羅漢果佛告彌勒我今分明語
汝是人以一切樂具施於四百万億阿僧祇世
界六趣衆生又令得阿羅漢果所得功德不
如是第五十人聞法華經一偈隨喜功德

辟喻所不能知阿逸多如是第五十人展轉
聞法華經隨喜功德尚无量无邊阿僧祇何
況㝡初於會中聞而隨喜者其福復勝无量
无邊阿僧祇不可得比又阿逸多若人為是
經故往詣僧坊若坐若立須臾聽受緣是功
德轉身所生得好上妙象馬車乘珎寶輦輿
及乘天宮若復有人於講法處坐更有人來
勸令坐聽若分座令坐是人功德轉身得帝
釋坐處若梵王坐處若轉輪聖王所坐之處
阿逸多若復有人語餘人言有經名法華可
共往聽即受其教乃至須臾聞是人功德
轉身得與陁羅尼菩薩共生一處利根智慧
百千万世終不瘖瘂口氣不臭舌常无病口
亦无病齒不垢黑不黃不踈亦不缺落不差

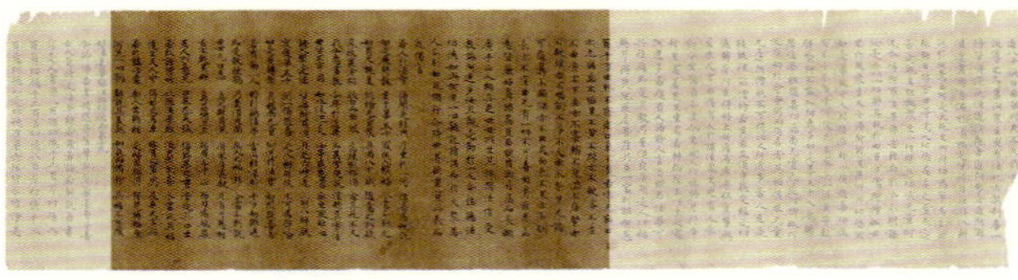

百千万世終不瘖瘂口氣不臭舌常无病口
亦无病齒不垢黑不黄不踈亦不缺落不差
不曲脣不下垂亦不褰縮不麁澁不瘡緊亦
不缺壞亦不喎斜不厚不大亦不梨黑无諸
可惡鼻不匾㔸亦不曲戾面色不黑亦不狹
長亦不窊曲无有一切不可喜相脣舌牙齒
悉皆嚴好鼻脩高直面貌圓滿眉高而長額
廣平正人相具足世世所生見佛聞法信受
教誨阿逸多汝且觀是勸於一人令往聽法
功德如此何況一心聽說讀誦而於大衆為
人分別如說脩行尒時世尊欲重宣此義而
說偈言

若人於法會　得聞是經典　乃至於一偈　隨喜為他說
如是展轉教　至于第五十　最後人獲福　今當分別之

見彼衰老相　髮白而面皺　齒疏形枯竭　念其死不久
我今應當教　令得於道果　即為方便說　涅槃真實法
世皆不牢固　如水沫泡炎　汝等咸應當　疾生厭離心
諸人聞是法　皆得阿羅漢　具足六神通　三明八解脫
最後第五十　聞一偈隨喜　是人福勝彼　不可為譬喻
如是展轉聞　其福尚无量　何況於法會　初聞隨喜者
若有勸一人　將引聽法華　言此經深妙　千万劫難遇
即受教往聽　乃至須臾聞　斯人之福報　今當分別說
世世无口患　齒不疏黃黑　脣不厚褰缺　无有可惡相
舌不乾黑短　鼻高脩且直　額廣而平正　面目悉端嚴
為人所憙見　口氣无臭穢　優鉢華之香　常從其口出
若故詣僧坊　欲聽法華經　須臾聞歡喜　今當說其福
後生天人中　得妙象馬車　珍寶之輦輿　及乘天宮殿
若於講法處　勸人坐聽經　是福因緣得　釋梵轉輪座
何況一心聽　解說其義趣　如說而脩行　其福不可限

何況一心聽　解說其義趣　如說而脩行　其福不可限

妙法蓮華經法師功德品第十九

尒時佛告常精進菩薩摩訶薩若善男子善女人受持是法華經若讀若誦若解說若書寫是人當得八百眼功德千二百耳功德八百鼻功德千二百舌功德八百身功德千二百意功德以是功德莊嚴六根皆令清淨是

BD00004 大般若波羅蜜多經卷二四一

（唐）玄奘 譯

BD00004v 老子道德經河上公章句

755.3cm × 25.7cm

所生諸受
故若一切三摩地門清淨
若香界乃至鼻觸為緣所生諸受清淨若一
切智智清淨無二無二分無別無斷故善現
一切三摩地門清淨故舌界清淨舌界清淨
故一切智智清淨何以故若一切三摩地門清
淨若舌界清淨若一切智智清淨無二無
二分無別無斷故一切三摩地門清淨故味
界舌識界及舌觸舌觸為緣所生諸受清淨
味界乃至舌觸為緣所生諸受清淨故一切
智智清淨何以故若一切三摩地門清淨若
味界乃至舌觸為緣所生諸受清淨若一切
智智清淨無二無二分無別無斷故善現一
切三摩地門清淨故身界清淨身界清淨故

一切智智清淨何以故若一切三摩地門清淨
淨若身界清淨若一切智智清淨无二无二
分无別无斷故一切三摩地門清淨故觸界
身識界及身觸身觸為緣所生諸受清淨觸
界乃至身觸為緣所生諸受清淨故一切智
智清淨何以故若一切三摩地門清淨若觸
界乃至身觸為緣所生諸受清淨若一切智
智清淨无二无二分无別无斷故善現一切
三摩地門清淨故意界清淨意界清淨故一
切智智清淨何以故若一切三摩地門清淨
若意界清淨若一切智智清淨无二无二分
无別无斷故一切三摩地門清淨故法界意
識界及意觸意觸為緣所生諸受清淨法
界乃至意觸為緣所生諸受清淨故一切智

界乃至意觸爲緣所生諸受清淨故一切智
智清淨何以故若一切三摩地門清淨若法界
乃至意觸爲緣所生諸受清淨若一切智智
清淨无二无二分无別无斷故善現一切三
摩地門清淨故地界清淨地界清淨故一切
智智清淨何以故若一切三摩地門清淨若
地界清淨若一切智智清淨无二无二分无
別无斷故一切三摩地門清淨故水火風空
識界清淨水火風空識界清淨故一切智智
清淨何以故若一切三摩地門清淨若水火
風空識界清淨若一切智智清淨无二无二
分无別无斷故善現一切三摩地門清淨故
无明清淨无明清淨故一切智智清淨何以
故若一切三摩地門清淨若无明清淨若一

三摩地門清淨故行識名色六處觸受愛取
有生老死愁歎苦憂惱清淨行乃至老死愁
歎苦憂惱清淨故一切智智清淨何以故若
一切三摩地門清淨若行乃至老死愁歎苦
憂惱清淨若一切智智清淨无二无二分无
別无斷故
善現一切三摩地門清淨故布施波羅蜜多
清淨布施波羅蜜多清淨故一切智智清淨
何以故若一切三摩地門清淨若布施波羅
蜜多清淨若一切智智清淨无二无二分无
別无斷故一切三摩地門清淨故淨戒安忍
精進靜慮般若波羅蜜多清淨淨戒乃至般
若波羅蜜多清淨故一切智智清淨何以故

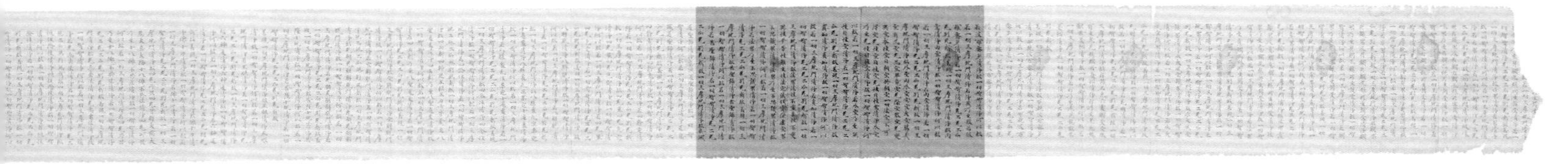

若波羅蜜多清淨故一切智智清淨何以故
若一切三摩地門清淨若淨戒乃至般若波
羅蜜多清淨若一切智智清淨无二无二分
无別无斷故善現一切三摩地門清淨故內
空清淨內空清淨故一切智智清淨何以故
若一切三摩地門清淨若內空清淨若一切
智智清淨无二无二分无別无斷故一切三
摩地門清淨故外空內外空空空大空勝義
空有為空无為空畢竟空无際空散空无變
異空本性空自相空共相空一切法空不可
得空无性空自性空无性自性空清淨外空
乃至无性自性空清淨故一切智智清淨何
以故若一切三摩地門清淨若外空乃至無
性自性空清淨若一切智智清淨

分无別无斷故善現一切三摩地門清淨故
真如清淨真如清淨故一切智智清淨何以
故若一切三摩地門清淨若真如清淨若一
切智智清淨无二无二分无別无斷故一切
三摩地門清淨故法界法性不虛妄性不變
異性平等性離生性法定法住實際虛空界
不思議界清淨法界乃至不思議界清淨故
一切智智清淨何以故若一切三摩地門清
淨若法界乃至不思議界清淨若一切智智
清淨无二无二分无別无斷故善現一切三
摩地門清淨故苦聖諦清淨苦聖諦清淨故
一切智智清淨何以故若一切三摩地門清
淨若苦聖諦清淨若一切智智清淨无二无
二分无別无斷故一切三摩地門清淨故集滅

二分无別无斷故一切三摩地門清淨故集滅
道聖諦清淨集滅道聖諦清淨故一切智
智清淨何以故若一切三摩地門清淨若集
滅道聖諦清淨若一切智智清淨无二无二
分无別无斷故善現一切三摩地門清淨故
四靜慮清淨四靜慮清淨故一切智智清淨
何以故若一切三摩地門清淨若四靜慮清
淨若一切智智清淨无二无二分无別无斷
故一切三摩地門清淨故四无量四无色定
清淨四无量四无色定清淨故一切智智清
淨何以故若一切三摩地門清淨若四无量
四无色定清淨若一切智智清淨无二无二
分无別无斷故善現一切三摩地門清淨故
八解脫清淨八解脫清淨故一切智智清淨

何以故若一切三摩地門清淨若八解脫清
淨若一切智智清淨无二无二分无別无斷
故一切三摩地門清淨故八勝處九次第定
十遍處清淨八勝處九次第定十遍處清淨
故一切智智清淨何以故若一切三摩地門
清淨若八勝處九次第定十遍處清淨若一
切智智清淨无二无二分无別无斷故善現
一切三摩地門清淨故四念住清淨四念住
清淨故一切智智清淨何以故若一切三摩
地門清淨若四念住清淨若一切智智清淨
無二無二分無別無斷故一切三摩地門清
淨故四正斷四神足五根五力七等覺支八
聖道支清淨四正斷乃至八聖道支清淨故
一切智智清淨何以故若一切三摩地門清

一切智智清淨何以故若一切三摩地門清
淨若四正斷乃至八聖道支清淨若一切智
智清淨无二无二分无別无斷故善現一切
三摩地門清淨故空解脫門清淨空解脫門
清淨故一切智智清淨何以故若一切三摩
地門清淨若空解脫門清淨若一切智智清
淨無二無二分無別無斷故一切三摩地門
清淨故无相无願解脫門清淨无相无願解
脫門清淨故一切智智清淨何以故若一切
三摩地門清淨若无相无願解脫門清淨若
一切智智清淨无二无二分无別无斷故善
現一切三摩地門清淨故菩薩十地清淨菩
薩十地清淨故一切智智清淨何以故若一
切三摩地門清淨若菩薩十地清淨若一切

善現一切三摩地門清淨故五眼清淨五眼
清淨故一切智智清淨何以故若一切三摩
地門清淨若五眼清淨若一切智智清淨无
二无二分无別无斷故一切三摩地門清淨
故六神通清淨六神通清淨故一切智智清
淨何以故若一切三摩地門清淨若六神通
清淨若一切智智清淨无二无二分无別无
斷故善現一切三摩地門清淨故佛十力清
淨佛十力清淨故一切智智清淨何以故若
一切三摩地門清淨若佛十力清淨若一切
智智清淨无二无二分无別无斷故一切三
摩地門清淨故四无所畏四无㝵解大慈大
悲大喜大捨十八佛不共法清淨四无所畏

悲大喜大捨十八佛不共法清淨四无所畏
乃至十八佛不共法清淨故一切智智清淨
何以故若一切三摩地門清淨若四无所畏
乃至十八佛不共法清淨若一切智智清淨
无二无二分无別无斷故善現一切三摩地
門清淨故无忘失法清淨无忘失法清淨故
一切智智清淨何以故若一切三摩地門清
淨若无忘失法清淨若一切智智清淨无二
無二分無別無斷故一切三摩地門清淨故
恒住捨性清淨恒住捨性清淨故一切智智
清淨何以故若一切三摩地門清淨若恒住
捨性清淨若一切智智清淨无二无二分无
別无斷故善現一切三摩地門清淨故一切
智清淨一切智清淨故一切智智清淨何以

一切智智清淨无二无二分无別无斷故一
切三摩地門清淨故道相智一切相智清淨
道相智一切相智清淨故一切智智清淨何
以故若一切三摩地門清淨若道相智一切
相智清淨若一切智智清淨无二无二分无
別无斷故善現一切三摩地門清淨故一切
陁羅尼門清淨一切陁羅尼門清淨故一切
智智清淨何以故若一切三摩地門清淨若
一切陁羅尼門清淨若一切智智清淨无二
无二分无別无斷故
善現一切三摩地門清淨故預流果清淨預
流果清淨故一切智智清淨何以故若一切
三摩地門清淨若預流果清淨若一切智智

三摩地門清淨若預流果清淨若一切智智
清淨无二无二分无別无斷故一切三摩地
門清淨故一来不還阿羅漢果清淨一来不
還阿羅漢果清淨故一切智智清淨何以故
若一切三摩地門清淨若一来不還阿羅漢
果清淨若一切智智清淨无二无二分无別
无斷故善現一切三摩地門清淨故獨覺菩
提清淨獨覺菩提清淨故一切智智清淨何
以故若一切三摩地門清淨若獨覺菩提清
淨若一切智智清淨无二无二分无別无斷故
善現一切三摩地門清淨故一切菩薩摩訶
薩行清淨一切菩薩摩訶薩行清淨故一
切智智清淨何以故若一切三摩地門清淨
若一切菩薩摩訶薩行清淨若一切智智清

地門清淨故諸佛无上正等菩提清淨諸佛
无上正等菩提清淨故一切智智清淨何以
故若一切三摩地門清淨若諸佛无上正等
菩提清淨若一切智智清淨无二无二分无
別无斷故
復次善現預流果清淨故色清淨色清淨故
一切智智清淨何以故若預流果清淨若色
清淨若一切智智清淨无二无二分无別无
斷故預流果清淨故受想行識清淨受想行
識清淨故一切智智清淨何以故若預流果
清淨若受想行識清淨若一切智智清淨无
二无二分无別无斷故善現預流果清淨故
眼處清淨眼處清淨故一切智智清淨何以

眼處清淨眼處清淨故一切智智清淨何以
故若預流果清淨若眼處清淨若一切智智
清淨无二无二分无別无斷故預流果清淨
故耳鼻舌身意處清淨耳鼻舌身意處清淨
故一切智智清淨何以故若預流果清淨若
耳鼻舌身意處清淨若一切智智清淨无二
无二分无別无斷故善現預流果清淨故色
處清淨色處清淨故一切智智清淨何以故
若預流果清淨若色處清淨若一切智智清
淨无二无二分无別无斷故預流果清淨故
聲香味觸法處清淨聲香味觸法處清淨故
一切智智清淨何以故若預流果清淨若聲
香味觸法處清淨若一切智智清淨无二无二

清淨眼界清淨故一切智智清淨何以故若
預流果清淨若眼界清淨若一切智智清淨
无二无二分无別无斷故預流果清淨故色
界眼識界及眼觸眼觸為緣所生諸受清淨
色界乃至眼觸為緣所生諸受清淨故一切
智智清淨何以故若預流果清淨若色界乃
至眼觸為緣所生諸受清淨若一切智智清
淨无二无二分无別无斷故善現預流果清
淨故耳界清淨耳界清淨故一切智智清淨
何以故若預流果清淨若耳界清淨若一切
智智清淨无二无二分无別无斷故預流果
清淨故聲界耳識界及耳觸耳觸為緣所生
諸受清淨聲界乃至耳觸為緣所生諸受清
淨故一切智智清淨何以故若預流果清淨

淨故一切智智清淨何以故若預流果清淨
若聲界乃至耳觸為緣所生諸受清淨若一
切智智清淨無二無二分無別無斷故善現
預流果清淨故鼻界清淨鼻界清淨故一切
智智清淨何以故若預流果清淨若鼻界清
淨若一切智智清淨無二無二分無別無斷
故預流果清淨故香界鼻識界及鼻觸鼻觸
為緣所生諸受清淨香界乃至鼻觸為緣所
生諸受清淨故一切智智清淨何以故若預
流果清淨若香界乃至鼻觸為緣所生諸受
清淨若一切智智清淨無二無二分無別無
斷故善現預流果清淨故舌界清淨舌界清
淨故一切智智清淨何以故若預流果清淨
若舌界清淨若一切智智清淨無二無二

舌觸舌觸爲緣所生諸受清淨味界乃至舌
觸爲緣所生諸受清淨故一切智智清淨何
以故若預流果清淨若味界乃至舌觸爲緣
所生諸受清淨若一切智智清淨无二无二
分无別无斷故善現預流果清淨故身界清
淨身界清淨故一切智智清淨何以故若預
流果清淨若身界清淨若一切智智清淨无
二无二分无別无斷故預流果清淨故觸界
身識界及身觸身觸爲緣所生諸受清淨觸
界乃至身觸爲緣所生諸受清淨故一切智
智清淨何以故若預流果清淨若觸界乃至
身觸爲緣所生諸受清淨若一切智智清淨
无二无二分无別无斷故善現預流果清淨

身觸為緣所生諸受清淨若一切智智清淨
无二无二分无別无斷故善現預流果清淨
故意界清淨意界清淨故一切智智清淨何
以故若預流果清淨若意界清淨若一切智
智清淨无二无二分无別无斷故預流果清
淨故法界意識界及意觸意觸為緣所生諸
受清淨法界乃至意觸為緣所生諸受清淨
故一切智智清淨何以故若預流果清淨若
法界乃至意觸為緣所生諸受清淨若一切
智智清淨无二无二分无別无斷故善現預
流果清淨故地界清淨地界清淨故一切智
智清淨何以故若預流果清淨若地界清淨
若一切智智清淨无二无二分无別无斷故
預流果清淨故水火風空識界清淨

流果清淨若水火風空識界清淨若一切智
智清淨无二无二分无別无斷故善現預流
果清淨故无明清淨无明清淨故一切智智
清淨何以故若預流果清淨若无明清淨若
一切智智清淨无二无二分无別无斷故預
流果清淨故行識名色六處觸受愛取有生
老死愁歎苦憂惱清淨行乃至老死愁歎苦
憂惱清淨故一切智智清淨何以故若預流
果清淨若行乃至老死愁歎苦憂惱清淨若
一切智智清淨无二无二分无別无斷故
善現預流果清淨故布施波羅蜜多清淨布
施波羅蜜多清淨故一切智智清淨何以故
若預流果清淨若布施波羅蜜多清淨若一

若預流果清淨若布施波羅蜜多清淨若一
切智智清淨無二無二分無別無斷故預流
果清淨故淨戒安忍精進靜慮般若波羅蜜
多清淨淨戒乃至般若波羅蜜多清淨故一
切智智清淨何以故若預流果清淨若淨戒
乃至般若波羅蜜多清淨若一切智智清淨
無二無二分無別無斷故善現預流果清淨
故內空清淨內空清淨故一切智智清淨何
以故若預流果清淨若內空清淨若一切智
智清淨無二無二分無別無斷故預流果清
淨故外空內外空空空大空勝義空有為空
無為空畢竟空無際空散空無變異空本性
空自相空共相空一切法空不可得空無性
空自性空無性自性空清淨外空乃至無性

流果清淨若外空乃至无性自性空清淨若
一切智智清淨无二无二分无別无斷故善
現預流果清淨故真如清淨真如清淨故一
切智智清淨何以故若預流果清淨若真如
清淨若一切智智清淨无二无二分无別无
斷故預流果清淨故法界法性不虛妄性不
變異性平等性離生性法定法住實際虛空
界不思議界清淨法界乃至不思議界清淨
故一切智智清淨何以故若預流果清淨若法界
乃至不思議界清淨若一切智智清淨无二无
二分无別无斷故善現預流果清淨故苦聖
諦清淨苦聖諦清淨故一切智智清淨何
以故若預流果清淨若苦聖諦清淨若一切

以故若預流果清淨若苦聖諦清淨若一切
智智清淨无二无二分无別无斷故預流果
清淨故集滅道聖諦清淨集滅道聖諦清淨
故一切智智清淨何以故若預流果清淨若
集滅道聖諦清淨若一切智智清淨无二无
二分无別无斷故善現預流果清淨故四靜
慮清淨四靜慮清淨故一切智智清淨何以
故若預流果清淨若四靜慮清淨若一切智
智清淨无二无二分无別无斷故預流果清
淨故四无量四无色定清淨四无量四无色
定清淨故一切智智清淨何以故若預流果
清淨若四无量四无色定清淨若一切智智
清淨无二无二分无別无斷故善現預流果
清淨故八解脫清淨八解脫清淨故一切智

智清淨何以故若預流果清淨若八解脫清
淨若一切智智清淨无二无二分无別无斷
故預流果清淨故八勝處九次第定十遍處
清淨八勝處九次第定十遍處清淨故一切
智智清淨何以故若預流果清淨若八勝處
九次第定十遍處清淨若一切智智清淨无
二无二分无別无斷故善現預流果清淨故
四念住清淨四念住清淨故一切智智清淨
何以故若預流果清淨若四念住清淨若一
切智智清淨无二无二分无別无斷故預流
果清淨故四正斷四神足五根五力七等覺
支八聖道支清淨四正斷乃至八聖道支清
淨故一切智智清淨何以故若預流果清淨
若四正斷乃至八聖道支清淨若一切智智

若四正斷乃至八聖道支清淨若一切智智
清淨无二无二分无別无斷故善現預流果
清淨故空解脫門清淨空解脫門清淨故一
切智智清淨何以故若預流果清淨若空解
脫門清淨若一切智智清淨无二无二分无
別无斷故預流果清淨故无相无願解脫門
清淨无相无願解脫門清淨故一切智智清
淨何以故若預流果清淨若无相无願解脫
門清淨若一切智智清淨无二无二分无別
无斷故善現預流果清淨故菩薩十地清淨
菩薩十地清淨故一切智智清淨何以故若
預流果清淨若菩薩十地清淨若一切智智
清淨无二无二分无別无斷故

眼清淨若一切智智清淨无二无二分无別
无斷故預流果清淨故六神通清淨六神通
清淨故一切智智清淨何以故若預流果清
淨若六神通清淨若一切智智清淨无二无二
分无別无斷故善現預流果清淨故佛十力
清淨佛十力清淨故一切智智清淨何以故
若預流果清淨若佛十力清淨若一切智智
清淨无二无二分无別无斷故預流果清淨
故四无所畏四无㝵解大慈大悲大喜大捨
十八佛不共法清淨四无所畏乃至十八佛
不共法清淨故一切智智清淨何以故若預
流果清淨若四无所畏乃至十八佛不共法
清淨若一切智智清淨无二无二分无別无

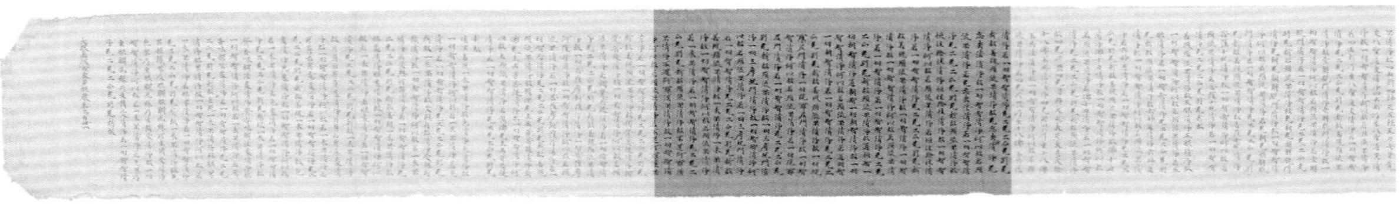

清淨若一切智智清淨无二无二分无別无
斷故善現預流果清淨故无忘失法清淨无
忘失法清淨故一切智智清淨何以故若預
流果清淨若无忘失法清淨若一切智智清
淨无二无二分无別无斷故預流果清淨故
恒住捨性清淨恒住捨性清淨故一切智智
清淨何以故若預流果清淨若恒住捨性清
淨若一切智智清淨无二无二分无別无斷
故善現預流果清淨故一切智清淨一切智
清淨故一切智智清淨何以故若預流果清
淨若一切智清淨若一切智智清淨无二无
二分无別无斷故預流果清淨故道相智一
切相智清淨道相智一切相智清淨故一切

分无别无断故善現預流果清淨故一切陁
羅尼門清淨一切陁羅尼門清淨故一切智
智清淨何以故若預流果清淨若一切陁羅
尼門清淨若一切智智清淨无二无二分无
别无断故預流果清淨故一切三摩地門清
淨一切三摩地門清淨故一切智智清淨何
以故若預流果清淨若一切三摩地門清淨
若一切智智清淨无二无二分无别无断故
善現預流果清淨故一來果清淨一來果清
淨故一切智智清淨何以故若預流果清淨
若一來果清淨若一切智智清淨无二无二
分无别无断故預流果清淨故不還阿羅漢
果清淨不還阿羅漢果清淨故一切智智清
淨何以故若預流果清淨若不還阿羅漢果

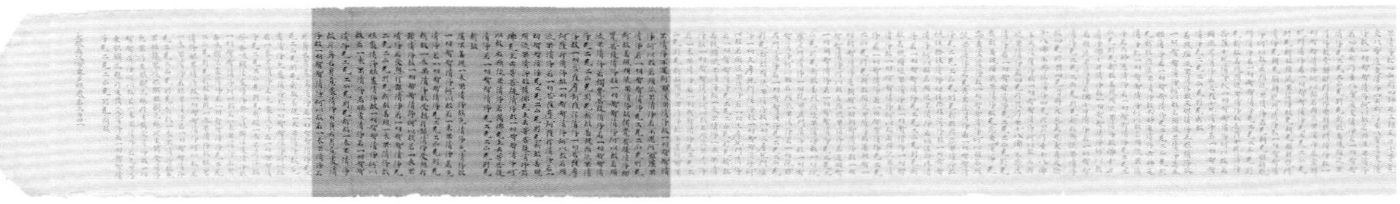

果清淨不還向羅漢果清淨故一切智智清
淨何以故若預流果清淨若不還向羅漢果
清淨若一切智智清淨无二无二分无別无
斷故善現預流果清淨故獨覺菩提清淨獨
覺菩提清淨故一切智智清淨何以故若預
流果清淨若獨覺菩提清淨若一切智智清
淨无二无二分无別无斷故善現預流果清
淨故一切菩薩摩訶薩行清淨一切菩薩摩
訶薩行清淨故一切智智清淨何以故若預
流果清淨若一切菩薩摩訶薩行清淨若一
切智智清淨无二无二分无別无斷故善現
預流果清淨故諸佛无上正等菩提清淨諸
佛无上正等菩提清淨故一切智智清淨何
以故若預流果清淨若諸佛无上正等

斷故
復次善現一來果清淨故色清淨色清淨故
一切智智清淨何以故若一來果清淨若色
清淨若一切智智清淨无二无二分无別无
斷故一來果清淨故受想行識清淨受想行
識清淨故一切智智清淨何以故若一來果
清淨若受想行識清淨若一切智智清淨无
二无二分无別无斷故善現一來果清淨故
眼處清淨眼處清淨故一切智智清淨何以
故若一來果清淨若眼處清淨若一切智智
清淨无二无二分无別无斷故一來果清淨
故耳鼻舌身意處清淨耳鼻舌身意處清
淨故一切智智清淨何以故若一來果清淨若

淨故一切智智清淨何以故若一來果清淨若
耳鼻舌身意處清淨若一切智智清淨无二
无二分无別无斷故善現一來果清淨故色
處清淨色處清淨故一切智智清淨何以故
若一來果清淨若色處清淨若一切智智清
淨无二无二分无別无斷故一來果清淨故
聲香味觸法處清淨聲香味觸法處清淨故
一切智智清淨何以故若一來果清淨若聲
香味觸法處清淨若一切智智清淨无二无
二分无別无斷故善現一來果清淨故眼界
清淨眼界清淨故一切智智清淨何以故若
一來果清淨若眼界清淨若一切智智清淨
无二无二分无別无斷故一來果清淨故色
界眼識界及眼觸眼觸為緣所生諸受清淨

[illegible]
智智清淨何以故若一來果清淨若色界乃
至眼觸為緣所生諸受清淨若一切智智清
淨無二無二分無別無斷故

大般若波羅蜜多經卷第二百卌一

不當剗跡……下……

爲天下正 能清能靜則爲……長持正則无終……

天下有道 謂人主有道 却走……

BD00004v　老子道德經河上公章句

BD00005 大般若波羅蜜多經卷二三二

（唐）玄奘 譯

113cm × 25.6cm

切智智清淨何以故若无願解脫門清淨若
眼界清淨若一切智智清淨无二无二分无
別无斷故无願解脫門清淨故色界眼識界
及眼觸眼觸為緣所生諸受清淨色界乃至
眼觸為緣所生諸受清淨故一切智智清淨
何以故若无願解脫門清淨若色界乃至
眼觸為緣所生諸受清淨若一切智智清淨
无二无二分无別无斷故善現无願解脫門
清淨故耳界清淨耳界清淨故一切智智清淨
何以故若无願解脫門清淨若耳界清淨若
一切智智清淨无二无二分无別无斷故无
願解脫門清淨故聲界耳識界及耳觸耳觸
為緣所生諸受清淨聲界乃至耳觸為緣所生諸

脫門清淨若聲界乃至耳觸為緣所生諸受
清淨若一切智智清淨无二无二分无別无
斷故善現无願解脫門清淨故鼻界清淨鼻
界清淨故一切智智清淨何以故若无願解
脫門清淨若鼻界清淨若一切智智清淨无
二无二分无別无斷故无願解脫門清淨故
香界鼻識界及鼻觸鼻觸為緣所生諸受清
淨香界乃至鼻觸為緣所生諸受清淨故一
切智智清淨何以故若无願解脫門清淨若
香界乃至鼻觸為緣所生諸受清淨若一切
智智清淨无二无二分无別无斷故
善現无願解脫門清淨故舌界清淨舌界清
淨故一切智智清淨何以故若无願解脫門
清淨若舌界清淨若一切智智清淨无二无
二分无別无斷故无願解脫門清淨故味界

二分无別无斷故无願解脫門清淨故味界
舌識界及舌觸舌觸爲緣所生諸受清淨味
界乃至舌觸爲緣所生諸受清淨故一切智
智清淨何以故若无願解脫門清淨若味界
乃至舌觸爲緣所生諸受清淨若一切智智
清淨无二无二分无別无斷故善現无願解
脫門清淨故身界清淨身界清淨故一切智
智清淨何以故若无願解脫門清淨若身界
清淨若一切智智清淨无二无二分无別无
斷故无願解脫門清淨故觸界身識界及
身觸身觸爲緣所生諸受清淨觸界乃至身觸
爲緣所生諸受清淨故一切智智清淨何以故
若无願解脫門清淨若觸界乃至身觸爲緣
所生諸受清淨若一切智智清淨无二无二

若无願解脫門清淨若意界清淨若一切智
智清淨无二无二分无別无斷故无願解脫
門清淨故法界意識界及意觸意觸為緣所
生諸受清淨法界乃至意觸為緣所生諸受清
淨故一切智智清淨何以故若无願解脫門
清淨若法界乃至意觸為緣所生諸受清
淨若一切智智清淨无二无二分无別无斷
故善現无願解脫門清淨故地界清淨地界
清淨故一切智智清淨何以故若无願解脫
門清淨若地界清淨若一切智智清淨无二
无二分无別无斷故无願解脫門清淨故
水火風空識界清淨水火風空識界清淨故
一切智智清淨何以故若无願解脫門清淨
若水火風空識界清淨若一切智智清淨无

若水火風空識界清淨若一切智智清淨无
二无二分无別无斷故善現無願解脫門清
淨故无明清淨无明清淨故一切智智清淨
何以故若无願解脫門清淨若无明清淨若
一切智智清淨无二无二分无別无斷故无
願解脫門清淨故行識名色六處觸受愛取
有生老死愁歎苦憂惱清淨行乃至老死愁
歎苦憂惱清淨故一切智智清淨何以故若
无願解脫門清淨若行乃至老死愁歎苦憂
惱清淨若一切智智清淨无二无二分无別
无斷故
善現无願解脫門清淨故布施波羅蜜多清

BD00006 大般若波羅蜜多經卷八四

（唐）玄奘 譯

235.2cm×25.5cm

寂靜不以寂靜不寂靜分別離垢地法
地法乃至善慧地法法雲地法亦不以
地法發光地法乃至善慧地法法雲地
別寂靜不寂靜不以遠離不遠離分別者
地法亦不以極喜地法分別遠離不遠離一
以遠離不遠離分別離垢地法發光地法
至善慧地法法雲地法亦不以離垢地法
光地法乃至善慧地法法雲地法分別遠
不遠離
如是人等終不以空不空分別異生地亦不
以異生地分別空不空不以空不空分別
姓地第八地具見地薄地離欲地已辦地獨
覺地菩薩地如來地亦不以種姓地第八地

无相不以有相无相尒別種姓地第八地乃
至菩薩地如來地亦不以種姓地第八地乃
至菩薩地如來地尒別有相无相不以有願
无願尒別異生地亦不以異生地尒別有願
无願不以有願无願尒別種姓地第八地乃
至菩薩地如來地亦不以種姓地第八地乃
至菩薩地如來地尒別有願无願不以生不
生尒別異生地亦不以異生地尒別生不生
不以生不生尒別種姓地第八地乃至菩薩
地如來地亦不以種姓地第八地乃至菩薩
地如來地尒別生不生不以滅不滅尒別異
生地亦不以異生地尒別滅不滅不以滅不
滅尒別種姓地第八地乃至菩薩地如來地
亦不以種姓地第八地乃至菩薩地如來地

別種姓地第八地乃至菩薩地如來地
亦不以種姓地第八地乃至菩薩地如來地
分別滅不滅不以寂靜不寂靜分別異生地
亦不以異生地分別寂靜不寂靜不以寂靜
不寂靜分別種姓地第八地乃至菩薩地如
來地亦不以種姓地第八地乃至菩薩地如
來地分別寂靜不寂靜不以遠離不遠離分
別異生地亦不以異生地分別遠離不遠離
不以遠離不遠離分別種姓地第八地乃至
菩薩地如來地亦不以種姓地第八地乃至
菩薩地如來地分別遠離不遠離
如是人等終不以空不空分別異生地法亦
不以異生地法分別空不空不以空不空分
別種姓地法第八地法乃至菩薩地法如來
地法亦不以種姓地法第八地法乃至菩薩

尒別異生地法亦不以異生地法尒別有相
无相不以有相无相尒別種姓地法苐八地
法乃至菩薩地法如來地法亦不以種姓地
法苐八地法乃至菩薩地法如來地法尒別
有相无相不以有相无相尒別異生地法亦
不以異生地法尒別有願无願不以有願无
願尒別種姓地法苐八地法乃至菩薩地法
如來地法亦不以種姓地法苐八地法乃至
菩薩地法如來地法尒別有願无願不以生
不生尒別異生地法亦不以異生地法尒別
生不生不以生不生尒別種姓地法苐八地
法乃至菩薩地法如來地法亦不以種姓地
法苐八地法乃至菩薩地法如來地法尒別

法苐八地法乃至菩薩地法如来地法尒別
生不生不以滅不滅尒別異生地法亦不以
異生地法尒別滅不滅不以滅不滅尒別種
姓地法苐八地法乃至菩薩地法如来地法
亦不以種姓地法苐八地法乃至菩薩地法
如来地法尒別滅不滅不以寂靜不寂靜尒
別異生地法亦不以異生地法尒別寂靜不
寂靜不以寂靜不寂靜尒別種姓地法苐八
地法乃至菩薩地法如来地法亦不以種姓
地法苐八地法乃至菩薩地法如来地法尒
別寂靜不寂靜不以遠離不遠離尒別異生
地法亦不以異生地法尒別遠離不遠離不
以遠離不遠離尒別種姓地法苐八地法乃

不遠離
如是人等終不以空不空分別有為界亦不
以有為界分別空不空不以空不空分別无
為界亦不以无為界分別空不空不以有相
无相分別有為界亦不以有為界分別有相
无相不以有相无相分別无為界亦不以无
為界分別有相无相不以有願无願分別有
為界亦不以有為界分別有願无願不以有
願无願分別无為界亦不以无為界分別有
願无願不以生不生分別有為界亦不以有
為界分別生不生不以生不生分別无為界
亦不以无為界分別生不生不以滅不滅分
別有為界亦不以有為界分別滅不滅不以
滅不滅分別无為界亦不以无為界分別滅

滅不滅分別无為界亦不以无為界分別滅
不滅不以寂靜不寂靜分別有為界亦不以
有為界分別寂靜不寂靜不以寂靜不寂靜
分別无為界亦不以无為界分別寂靜不寂
靜不以遠離不遠離分別有為界亦不以有
為界分別遠離不遠離不以遠離不遠離分
別无為界亦不以无為界分別遠離不遠離
時具壽善現告諸天子言如是甚深難見難
覺非所尋思超尋思境微妙寂靜最勝第一
唯極聖者自內所證世聰慧人所不能測所
說般若波羅蜜多其中實无能信受者所以
者何此中无法可顯可示由无有法可顯示
故實信受者亦不可得
時舍利子問善現[illegible]

[illegible]
上乘法廣說攝受菩薩摩訶薩從初發心乃
至十地諸菩薩道所謂布施波羅蜜多淨戒
安忍精進靜慮般若波羅蜜多若內空外空
內外空空空大空勝義空有為空无為空畢
竟空无際空散空无變異空本性空自相空
共相空一切法空不可得空无性空自性空
无性自性空若真如法界法性不虛妄性不
變異性平等性離生性法定法住實際虛空
界不思議界若苦聖諦集滅道聖諦若四靜
慮四无量四无色定若八解脫八勝處九次
第定十遍處若四念住四正斷四神足五根
五力七等覺支八聖道支若空解脫門无相
无願解脫門若五眼六神通若佛十力四无
所畏四无礙解大慈大悲大喜大捨十八佛

所謂四无礙解大慈大悲大喜大捨十八佛
不共法若无忘失法恒住捨性若一切智道
相智一切相智若一切陁羅尼門一切三摩
地門廣說攝受菩薩摩訶薩功德勝事所謂
菩薩摩訶薩於此般若波羅蜜多勤脩行故
隨所生處常受化生於不退神通能自在遊
戲從一佛土趣一佛土供養恭敬尊重讚歎
諸佛世尊隨所願樂種種善根皆能脩習速
得圓滿於諸佛所聞持正法乃至无上正等
菩提能不忘失亦无懈廢恒居勝定離散亂
心由此為緣得无礙辯无斷盡辯无疎謬辯
迅辯應辯凡所演說豊義味辯一切世間最
妙勝辯善現答言如是如是誠如所說於此
般若波羅蜜多[illegible]

[illegible]
從初發心乃至十地諸菩薩道所謂布施波
羅蜜多乃至一切三摩地門廣說攝受菩薩
摩訶薩功德勝事所謂菩薩摩訶薩於此般
若波羅蜜多勤脩行故隨所生處常受化生
乃至得一切世間最妙勝辯如是深教諸有
所說以无所得而為方便舍利子言此於何
法以无所得為方便耶善現言舍利子此於
我以无所得而為方便此於有情命者生者
養者士夫補特伽羅意生儒童作者受者知
者見者以无所得而為方便舍利子此於色
以无所得而為方便此於受想行識以无所
得而為方便舍利子此於眼處以无所得而
為方便此於耳鼻舌身意處以无所得而為
方便舍利子此於色處以无所得而為方便

BD00007

妙法蓮華經卷三

（後秦）鳩摩羅什 譯

1015.2cm × 25.5cm

界一時等國其澤普洽
草小根小莖小枝小葉中根中
根大莖大枝大葉諸樹大小隨上中下各有所
受一雲所雨稱其種性而得生長華菓敷
實雖一地所生一雨所潤而諸草木各有差
別迦葉當知如來亦復如是出現於世如大
雲起以大音聲普遍世界天人阿脩羅如彼
大雲遍覆三千大千國土於大衆中而唱是
言我是如來應供正遍知明行足善逝世間
解无上士調御丈夫天人師佛世尊未度者
令度未解者令解未安者令安未涅槃者
令得涅槃今世後世如實知之我是一切知者
一切見者知道者開道者說道者汝等天人

阿脩羅衆皆應到此為聽法故介時无數
千万億種衆生来至佛所而聽法如来于時觀
是衆生諸根利鈍精進懈怠隨其所堪而
為說法種種无量皆令歡喜快得善利是諸
衆生聞是法已現世安隱後生善處以道受樂
亦得聞法既聞法已離諸鄣礙於諸法中任
力所能漸得入道如彼大雲雨於一切卉木
藂林及諸藥草如其種性具足蒙潤各得生
長如来說法一相一味所謂解脫相離相滅
相究竟至於一切種智其有衆生聞如来法
若持讀誦如說脩行所得功德不自覺知所
以者何唯有如来知此衆生種相體性念何
事思何事脩何事云何念云何思云何脩以何

事思何事脩何事云何念云何思云何脩以何
法念以何法思以何法脩以何法得何法衆
生住於種種之地唯有如來如實見之明
了无礙如彼卉木叢林諸藥草等而不自知
上中下性如來知是一相一味之法所謂解
脫相離相滅相究竟涅槃常寂滅相終歸
於空佛知是已觀衆生心欲而將護之是故不
即為說一切種智汝等迦葉甚為希有能知
如來隨宜說法能信能受所以者何諸佛世
尊隨宜說法難解難知尒時世尊欲重宣此
義而說偈言
破有法王　出現世間　隨衆生欲　種種說法
如來尊重　智慧深遠　久嘿斯要　不務速說

是故迦葉　隨力爲說　以種種緣　令得正見
迦葉當知　譬如大雲　起於世間　遍覆一切
惠雲含潤　電光晃曜　雷聲遠震　令衆悅豫
日光掩蔽　地上清淨　靉靆垂布　如可承攬
其雨普等　四方俱下　流澍无量　率土充洽
山川嶮谷　幽邃所生　卉木藥草　大小諸樹
百穀苗稼　甘蔗蒲桃　雨之所潤　无不豐足
乾地普洽　藥木並茂　其雲所出　一味之水
草木叢林　隨分受潤　一切諸樹　上中下等
稱其大小　各得生長　根莖枝葉　華菓光色
一雨所及　皆得鮮澤　如其體相　性分大小
所潤是一　而各滋茂　佛亦如是　出現於世
譬如大雲　普覆一切　既出于世　爲諸衆生

譬如大雲　普覆一切　既出于世　爲諸衆生
分別演說　諸法之實　大聖世尊　於諸天人
一切衆中　而宣是言　我爲如來　兩足之尊
出于世間　猶如大雲　充潤一切　枯槁衆生
皆令離苦　得安隱樂　世間之樂　及涅槃樂
諸天人衆　一心善聽　皆應到此　覲无上尊
我爲世尊　无能及者　安隱衆生　故現於世
爲大衆說　甘露淨法　其法一味　解脫涅槃
以一妙音　演暢斯義　常爲大乘　而作因緣
我觀一切　普皆平等　无有彼此　愛憎之心
我无貪著　亦无限礙　恒爲一切　平等說法
如爲一人　衆多亦然　常演說法　曾无他事

正見耶見　利根鈍根　等雨法雨　而无懈惓
一切衆生　聞我法者　隨力所受　住於諸地
或處人天　轉輪聖王　釋梵諸王　是小藥草
知无漏法　能得涅槃　起六神通　及得三明
獨處山林　常行禪定　得緣覺證　是中藥草
求世尊處　我當作佛　行精進定　是上藥草
又諸佛子　專心佛道　常行慈悲　自知作佛
決定无疑　是名小樹　安住神通　轉不退輪
度无量億　百千衆生　如是菩薩　名為大樹
佛平等說　如一味雨　隨衆生性　所受不同
如彼草木　所稟各異　佛以此喻　方便開示
種種言辭　演說一法　於佛智慧　如海一渧

如彼草木　所稟各異　佛以此喻　方便開示
種種言辭　演說一法　於佛智慧　如海一渧
我雨法雨　充滿世間　一味之法　隨力脩行
如彼叢林　藥草諸樹　隨其大小　漸增茂好
諸佛之法　常以一味　令諸世間　普得具足
漸次脩行　皆得道果　聲聞緣覺　處於山林
住冣後身　聞法得果　是名藥草　各得增長
若諸菩薩　智慧堅固　了達三界　求冣上乘
是名小樹　而得增長　復有住禪　得神通力
聞諸法空　心大歡喜　放无數光　度諸衆生
是名大樹　而得增長　如是迦葉　佛所說法
譬如大雲　以一味雨　潤於人華　各得成實
迦葉當知　以諸因緣　種種譬喻　開示佛道
是我方便　諸佛亦然　今為汝等　說最實事

漸漸脩學　悉當成佛

妙法蓮華經授記品第六

尒時世尊說是偈已告諸大衆唱如是言我
此弟子摩訶迦葉於未來世當得奉覲三百
万億諸佛世尊供養恭敬尊重讚歎廣宣諸
佛无量大法於冣後身得成為佛名曰光明
如來應供正遍知明行足善逝世間解无上
士調御丈夫天人師佛世尊國名光德劫名
大莊嚴佛壽十二小劫正法住世二十小劫
像法亦住二十小劫國界嚴飾无諸穢惡瓦
礫荊棘便利不淨其土平正无有高下坑坎
堆阜琉璃為地寶樹行列黃金為繩以界道

廿

堆阜琉璃為地寶樹行列黃金為繩以界道
側散諸寶華周遍清淨其國菩薩无量千億
諸聲聞衆亦復无量无有魔事雖有魔及魔
民皆護佛法尒時世尊欲重宣此義而說偈言
告諸比丘　我以佛眼　見是迦葉　於未来世
過无數劫　當得作佛　而於来世　供養奉覲
三百万億　諸佛世尊　為佛智慧　淨脩梵行
供養冣上　二足尊已　脩習一切　无上之慧
於冣後身　得成為佛　其土清淨　琉璃為地
多諸寶樹　行列道側　金繩界道　見者歡喜
常出好香　散衆名華　種種奇妙　以為莊嚴
其地平正　无有丘坑　諸菩薩衆　不可稱計
其心調柔　逮大神通

諸聲聞衆　无漏後身　法王之子　亦不可計

乃以天眼　不能數知　其佛當壽　十二小劫

正法住世　二十小劫　像法亦住　二十小劫

光明世尊　其事如是

尒時大目犍連須菩提摩訶迦旃延等皆

悉悚慄一心合掌瞻仰世尊目不蹔捨即共

同聲而說偈言

大雄猛世尊　諸釋之法王　哀愍我等故　而賜佛音聲

若知我深心　見為授記者　如以甘露灑　除熱得清淨

如從飢國來　忽遇大王饍　心猶懷疑懼　未敢即便食

若復得王教　然後乃敢食　我等亦如是　每惟小乘過

不知當云何　得佛无上慧　雖聞佛音聲　言我等作佛

心尚懷憂懼　如未敢便食　若蒙佛授記　尒乃快安樂

大雄猛世尊　常欲安世間　願賜我等記　如飢須教食

心尚懷憂懼　如未敢便食　若蒙佛授記　尒乃快安樂
大雄猛世尊　常欲安世間　願賜我等記　如飢須教食
尒時世尊知諸大弟子心之所念告諸比丘
是須菩提於當来世奉覲三百万億那由他
佛供養恭敬尊重讚歎常脩梵行具菩薩
道於㝡後身得成為佛号曰名相如来應供正
遍知明行足善逝世間解无上士調御丈夫
天人師佛世尊劫名有寶國名寶生其土平
正頗梨為地寶樹莊嚴无諸丘坑沙礫荊棘
便利之穢寶華覆地周遍清淨其土人民皆
處寶臺珎妙樓閣聲聞弟子无量无邊筭
數譬喻所不能知諸菩薩衆无數千万億那由
他佛壽十二小劫正法住世二十小劫像法

住二十小劫其佛常處虛空為衆說法度
脫无量菩薩及聲聞衆尒時世尊欲重宣此
義而說偈言

諸比丘衆　今告汝等　皆當一心　聽我所說
我大弟子　須菩提者　當得作佛　号曰名相
當供无數　万億諸佛　隨佛所行　漸具大道
冣後身得　三十二相　端政姝妙　猶如寶山
其佛國土　嚴淨第一　衆生見者　无不愛樂
佛於其中　度无量衆　其佛法中　多諸菩薩
皆悉利根　轉不退輪　彼國常以　菩薩莊嚴
諸聲聞衆　不可稱數　皆得三明　具六神通
住八解脫　有大威德　其佛說法　現於无量
神通變化　不可思議　諸天人民　數如恒沙

神通變化　不可思議　諸天人民　數如恒沙
皆共合掌　聽受佛語　其佛當壽　十二小劫
正法住世　二十小劫　像法亦住　二十小劫
尒時世尊復告諸比丘衆我今語汝是大迦
旃延於當来世以諸供具供養奉事八千億
佛恭敬尊重諸佛滅後各起塔廟高千由旬
縱廣正等五百由旬以金銀琉璃車渠馬瑙
真珠玫瑰七寶合成衆華瓔珞香末香燒
香繒蓋幢幡供養塔廟過是已後當復供養
二万億佛亦復如是供養是諸佛已具菩薩
道當得作佛号曰閻浮那提金光如来應供
正遍知明行足善逝世間解无上士調御丈
夫天人師佛世尊其土平正頗梨為地寶樹

莊嚴黃金為繩以界道側妙華覆地周遍清
淨見者歡喜无四惡道地獄餓鬼畜生阿脩
羅道多有天人諸聲聞衆及諸菩薩无量万
億莊嚴其國佛壽十二小劫正法住世二十
小劫像法亦住二十小劫尒時世尊欲重宣此
義而說偈言
諸比丘衆　皆一心聽　如我所說　真實无異
是迦旃延　當以種種　妙好供具　供養諸佛
諸佛滅後　起七寶塔　亦以華香　供養舍利
其㝡後身　得佛智慧　成等正覺　國土清淨
度脫无量　万億衆生　皆為十方　之所供養
佛之光明　无能勝者　其佛号曰　閻浮金光
菩薩聲聞　斷一切有　无量无數　莊嚴其國

菩薩聲聞　斷一切有　无量无數　莊嚴其國
尒時世尊復告大衆我今語汝是大目揵連
當以種種供具供養八千諸佛恭敬尊重諸
佛滅後各起塔廟高千由旬縱廣正等五百
由旬以金銀琉璃車𤦲馬瑙真珠玫瑰七寶
合成衆華瓔珞塗香末香燒香繒蓋幢幡以
用供養過是已後當復供養二百万億諸佛
亦復如是當得成佛号曰多摩羅跋栴檀香
如来應供正遍知明行足善逝世間解无上
士調御丈夫天人師佛世尊劫名喜滿國名
意樂其土平正頗梨為地寶樹莊嚴散真珠
華周遍清淨見者歡喜多諸天人菩薩聲聞
其數无量佛壽二十四小劫正法住世四十小劫

像法亦住四十小劫爾時世尊欲重宣此義而
說偈言
我此弟子　大目揵連　捨是身已　得見八千
二百万億　諸佛世尊　為佛道故　供養恭敬
於諸佛所　常脩梵行　於无量劫　奉持佛法
諸佛滅後　起七寶塔　長表金剎　華香伎樂
而以供養　諸佛塔廟　漸漸具足　菩薩道已
於意樂國　而得作佛　号多摩羅　栴檀之香
其佛壽命　二十四劫　常為天人　演說佛道
聲聞无量　如恒河沙　三明六通　有大威德
菩薩无數　志固精進　於佛智慧　皆不退轉
佛滅度後　正法當住　四十小劫　像法亦尒
我諸弟子　威德具足　其數五百　皆當授記
於未來世　咸得成佛　我及汝等　宿世因緣

我諸弟子　威德具足　其數五百　皆當授記
於未來世　咸得成佛　我及汝等　宿世因緣
吾今當說　汝等善聽

妙法蓮華經化城喻品第七

佛告諸比丘乃往過去无量无邊不可思議
阿僧祇劫尒時有佛名大通智勝如來應供
正遍知明行足善逝世間解无上士調御丈
夫天人師佛世尊其國名好成劫名大相諸
比丘彼佛滅度已來甚大久遠譬如三千大
千世界所有地種假使有人磨以為墨過於
東方千國土乃下一點大如微塵又過千國
土復下一點如是展轉盡地種墨於汝等意

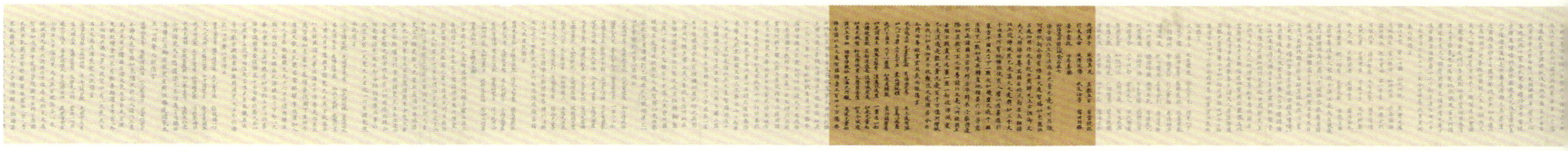

若點不點盡末為塵一塵一劫彼佛滅度
已來復過是數无量无邊百千万億阿僧祇
劫我以如來知見力故觀彼久遠猶若今日
尒時世尊欲重宣此義而說偈言
我念過去世　无量无邊劫　有佛兩足尊　名大通智勝
如人以力磨　三千大千土　盡此諸地種　皆悉以為墨
過於千國土　乃下一塵點　如是展轉點　盡此諸塵墨
如是諸國土　點與不點等　復盡抹為塵　一塵為一劫
此諸微塵數　其劫復過是　彼佛滅度來　如是无量劫
如來无礙智　知彼佛滅度　及聲聞菩薩　如見今滅度
諸比丘當知　佛智淨微妙　无漏无所礙　通達无量劫
佛告諸比丘大通智勝佛壽五百四十万億那

佛告諸比丘大通智勝佛壽五百四十万億那
由他劫其佛本坐道場破魔軍已垂得阿耨
多羅三藐三菩提而諸佛法不現在前如是
一小劫乃至十小劫結跏趺坐身心不動而
諸佛法猶不在前尒時忉利諸天先為彼佛
於菩提樹下敷師子座高一由旬佛於此座
當得阿耨多羅三藐三菩提適坐此座時諸
梵天王雨衆天華面百由旬香風時來吹去
萎華更雨新者如是不絶滿十小劫供養於
佛乃至滅度常雨此華四王諸天為供養佛
常擊天鼓其餘諸天作天伎樂滿十小劫至
于滅度亦復如是諸比丘大通智勝佛過十
小劫諸佛之法乃現在前成阿耨多羅三藐

一善哉其佛未出家時有十六子其第一者
名曰智積諸子各有種種珎異玩好之具聞
父得成阿耨多羅三藐三菩提皆捨所珎往
詣佛所諸母涕泣而隨送之其祖轉輪聖
王與一百大臣及餘百千万億人民皆共圍
繞隨至道場咸欲親近大通智勝如來供養
恭敬尊重讚嘆到已頭面礼足繞佛畢已一
心合掌瞻仰世尊以偈頌曰
大威德世尊　為度衆生故　於无量億歲　尒乃得成佛
諸願已具足　善哉吉无上　世尊甚希有　一坐十小劫
身體及手足　靜然安不動　其心常憺怕　未曾有散亂
究竟永寂滅　安住无漏法　今者見世尊　安隱成佛道
我等得善利　稱慶大歡喜　衆生常苦惱　盲瞑无導師

我等得善利　稱慶大歡喜　衆生常苦惱　盲瞑无導師
不識苦盡道　不知求解脫　長夜增惡趣　減損諸天衆
從冥入於冥　永不聞佛名　今佛得最上　安隱无漏道
我等及天人　為得最大利　是故咸稽首　歸命无上尊
爾時十六王子偈讚佛已勸請世尊轉於法轉
咸作是言世尊說法多所安隱憐愍饒益諸
天人民重說偈言
世雄无等倫　百福自莊嚴　得无上智慧　願為世間說
度脫於我等　及諸衆生類　為分別顯示　令得是智慧
若我等得佛　衆生亦復然　世尊知衆生　深心之所念
亦知所行道　又知智慧力　欲樂及脩福　宿命所行業
世尊悉知已　當轉无上輪

上

菩提時十方各五百万億諸佛世界六種震
動其國中間幽冥之處日月威光所不能照
而皆大明其中衆生各得相見咸作是言此
中云何忽生衆生又其國界諸天宮殿乃至
梵宮六種震動大光普照遍滿世界勝諸
天光尒時東方五百万億諸國土中梵天宮
殿光明照耀倍於常明諸梵天王各作是念
今者宮殿光明昔所未有以何因緣而現此
相是時諸梵天王即各相詣共議此事而
彼衆中有一大梵天王名救一切為諸梵衆
而說偈言
我等諸宮殿　光明昔未有　此是何因緣　冝各共求之
為大德天生　為佛出世間　而此大光明　遍照於十方
尒時五百万億國土諸梵天王與宮殿俱各

上

爲大德天生　爲佛出世間　而此大光明　遍照於十方
尒時五百万億國土諸梵天王與宮殿俱各
以衣裓盛諸天華共詣西方推尋是相見大
通智勝如来處于道場菩提樹下坐師子
座諸天龍王乹闥婆緊那羅摩睺羅伽人
非人等恭敬圍繞及見十六王子請佛轉法
輪即時諸梵王頭面礼佛繞百千帀即以天
華而散佛上其所散華如須弥山并以供養
佛菩提樹其菩提樹高十由旬華供養已各以
宮殿奉上彼佛而作是言唯見哀愍饒益我
等所獻宮殿願垂納處時諸梵天王即於佛
前一心同聲以偈頌曰

我等所從来　五百万億國　捨深禪定樂　為供養佛故
我等先世福　宮殿甚嚴飾　今以奉世尊　唯願哀納受
尒時諸梵天王偈讚佛已各作是言唯願世
尊轉於法輪度脫眾生開涅槃道諸梵天
王一心同聲而說偈言
世雄兩足尊　唯願演說法　以大慈悲力　度苦惱眾生
尒時大通智勝如来嘿然許之又諸比丘東
南方五百万億國土諸大梵王各自見宮殿
光明照曜昔所未有歡喜踊躍生希有心即
各相詣共議此事而彼眾中有一大梵天王
名曰大悲為諸梵眾而說偈言
是事何因緣　而現如此相　我等諸宮殿　光明昔未有

是事何因緣　而現如此相　我等諸宮殿　光明昔未有
為大德天生　為佛出世間　未曾見此相　當共一心求
過千万億土　尋光共推之　多是佛出世　度脫苦衆生
尒時五百万億諸梵天王與宮殿俱各以衣
祴盛諸天華共詣西北方推尋是相見大通
智勝如來處于道場菩提樹下坐師子座諸
天龍王乾闥婆緊那羅摩睺羅伽人非人等
恭敬圍繞及見十六王子請佛轉法輪時諸
梵天王頭面礼佛繞百千帀即以天華而散
佛上所散之華如須弥山并以供養佛菩提
樹華供養已各以宮殿奉上彼佛而作是言
唯見哀愍饒益我等所獻宮殿願垂納受尒

世尊甚希有　久遠乃一見　一百八十劫　空過无有佛
三惡道充滿　諸天衆減少　今佛出於世　為衆生作眼
世間所歸趣　救護於一切　為衆生之父　哀愍饒益者
我等宿福慶　今得值世尊
尒時諸梵天王偈讚佛已各作是言唯願世
尊哀愍一切轉於法輪度脫衆生時諸梵天
王一心同聲而說偈言
大聖轉法輪　顯示諸法相　度苦惱衆生　令得大歡喜
衆生聞此法　得道若生天　諸惡道減少　忍善者增益
尒時大通智勝如來默然許之又諸比丘南
方五百万億國土諸大梵王各自見宮殿光
明照曜昔所未有歡喜踊躍生希有心即各

明照曜昔所未有歡喜踊躍生希有心即各
相詣共議此事以何因緣我等宮殿有此光曜
而彼衆中有一大梵天王名曰妙法為諸梵
衆而說偈言
我等諸宮殿　光明甚威曜　此非无因緣　是相宜求之
過於百千劫　未曾見是相　為大德天生　為佛出世間
尒時五百万億諸梵天王與宮殿俱各以衣
裓盛諸天華共詣北方推尋是相見大通智
勝如來處于道場菩提樹下坐師子座諸天
龍王乾闥婆緊那羅摩睺羅伽人非人等恭
敬圍繞及見十六王子請佛轉法輪時諸梵
天王頭面礼佛繞百千帀即以天華而散佛

華供養已各以宮殿奉上彼佛而作是言

見哀愍饒益我等所獻宮殿願垂納受尒時
諸梵天王即於佛前一心同聲以偈頌曰

世尊甚難見　破諸煩惱者　過百三十劫　今乃得一見
諸飢渴衆生　以法雨充滿　昔所未曾覩　无量智慧者
如優曇鉢羅　今日乃值遇　我等諸宮殿　蒙光故嚴飾
世尊大慈愍　唯願哀納受

尒時諸梵天王偈讚佛已各作是言唯願世
尊轉於法輪令一切世間諸天魔梵沙門
婆羅門皆獲安隱而得度脫時諸梵天王一
心同聲以偈頌曰

唯願天人尊　轉无上法輪　擊于大法鼓　而吹大法螺
普雨大法雨　度无量衆生　我等咸歸請　當演深遠音

普雨大法雨　度无量衆生　我等咸歸請　當演深遠音
尒時大通智勝如来默然許之西南方乃至
下方亦復如是尒時上方五百万億國土諸
大梵王皆悉自覩所止宮殿光明威曜昔所
未有歡喜踊躍生希有心即各相詣共議此
事以何因緣我等宮殿有斯光明時彼衆中
有一大梵天王名曰尸棄為諸梵衆而說偈
言
今以何因緣　我等諸宮殿　威德光明曜　嚴飾未曾有
如是之妙相　昔所未聞見　為大德天生　為佛出世間
尒時五百萬億諸梵天王與宮殿俱各以衣
裓盛諸天華共詣下方推尋是相見大通智
勝如来處于道場菩提樹下坐師子座諸天

龍王乾闥婆緊那羅摩睺羅伽人非人等恭
敬圍繞及見十六王子請佛轉法輪時諸梵
天王頭面礼佛繞百千帀即以天華而散佛
上所散之華如須弥山并以供養佛菩提樹
華供養已各以宮殿奉上彼佛而作是言唯
見哀愍饒益我等所獻宮殿願垂納受時諸
梵天王即於佛前一心同聲以偈頌曰

善哉見諸佛　救世之聖尊　能於三界獄　勉出諸衆生
普智天人尊　哀愍群萌類　能開甘露門　廣度於一切
於昔无量劫　空過无有佛　世尊未出時　十方常闇冥
三惡道增長　阿脩羅亦盛　諸天衆轉減　死多墮惡道
不從佛聞法　常行不善事　色力及智慧　斯等皆減少
罪業因緣故　失樂及樂想　住於邪見法　不識善儀則

罪業因緣故　失樂及樂想　住於邪見法　不識善儀則
不蒙佛所化　常墮於惡道　佛為世間眼　久遠時乃出
哀愍諸眾生　故現於世間　超出成正覺　我等甚欣慶
及餘一切眾　喜嘆未曾有　我等諸宮殿　蒙光故嚴飾
今以奉世尊　唯垂哀納受　願以此功德　普及於一切
我等與眾生　皆共成佛道
尒時五百万億諸梵天王偈讚佛已各白佛
言唯願世尊轉於法輪多所安隱多所度脫
時諸梵天王而說偈言
世尊轉法輪　擊甘露法鼓　度苦惱眾生　開示涅槃道
唯願受我請　以大微妙音　哀愍而敷演　无量劫習法
尒時大通智勝如來受十方諸梵天王及十
六王子請即時三轉十二行法輪若沙門

羅門若天魔梵及餘世間所不能轉言是苦
是苦集是苦滅是苦滅道及廣說十二因緣
法无明緣行行緣識識緣名色名色緣六入六
入緣觸觸緣受受緣愛愛緣取取緣有有
緣生生緣老死憂悲苦惱无明滅則行滅行
滅則識滅識滅則名色滅名色滅則六入滅六
入滅則觸滅觸滅則受滅受滅則愛滅愛滅
則取滅取滅則有滅有滅則生滅生滅則老
死憂悲苦惱滅佛於天人大衆之中說是
法時六百万億那由他人以不受一切法故
而於諸漏心得解脫皆得深妙禪定三明六
通具八解脫第二第三第四說法時千万億
恒河沙那由他等衆生亦以不受一切法故

恒河沙那由他等衆生亦以不受一切法故
而於諸漏心得解脱從是已後諸聲聞衆无
量无邊不可稱數尒時十六王子皆以童子
出家而爲沙彌諸根通利智慧明了已曾供
養百千万億諸佛淨脩梵行求阿耨多羅
三藐三菩提俱白佛言世尊是諸无量千万億
大德聲聞皆已成就世尊亦當爲我等説阿
耨多羅三藐三菩提法我等聞已皆共脩學
世尊我等志願如來知見深心所念佛自證
知尒時轉輪聖王所將衆中八万億人見十
六王子出家亦求出家王即聽許尒時彼佛
受沙彌請過二万劫已乃於四衆之中説是
大乘經名妙法蓮華教菩薩法佛所護念

是經已十六沙弥為阿耨多羅三藐三菩
故皆共受持諷誦通利說是經時十六菩
薩沙弥皆悉信受聲聞衆中亦有信解其餘
衆生千万億種皆生疑惑佛說是經於八千劫
未曾休癈說此經已即入靜室住於禪定八
万四千劫是時十六菩薩沙弥知佛入室寂然
禪定各昇法座亦於八万四千劫為四部衆
廣說分別妙法華經一一皆度六百万億那
由他恒河沙等衆生示教利喜令發阿耨
多羅三藐三菩提心大通智勝佛過八万四
千劫已從三昧起往詣法座安詳而坐普告
大衆是十六菩薩沙弥甚為希有諸根通利
智慧明了已曾供養无量千万億數諸佛於諸

智慧明了已曾供養无量千万億數諸佛於諸
佛所常脩梵行受持佛智開示衆生令入其
中汝等皆當數數親近而供養之所以者何
若聲聞辟支佛及諸菩薩能信是十六菩
薩所説経法受持不毀者是人皆當得阿耨
多羅三藐三菩提如来之慧佛告諸比丘是
十六菩薩常樂説是妙法蓮華経一一菩薩
所化六百万億那由他恒河沙等衆生世世
所生與菩薩俱從其聞法悉皆信解以此因
緣得值四万億諸佛世尊于今不盡諸比丘
我今語汝彼佛弟子十六沙弥今皆得阿耨
多羅三藐三菩提於十方國土現在説法有
无量百千万億菩薩聲聞以爲眷屬其二沙

教東方作佛一名阿閦在歡喜國二名須弥
頂東南方二佛一名師子音二名師子相南
方二佛一名虛空住二名常滅西南方二佛
一名帝相二名梵相西方二佛一名阿弥陀
二名度一切世間苦惱西北方二佛一名多
摩羅跋栴檀香神通二名須弥相北方二佛
一名雲自在二名雲自在王東北方佛名壞
一切世間怖畏第十六我釋迦牟尼佛於娑
婆國土成阿耨多羅三藐三菩提諸比丘我
等為沙弥時各各教化无量百千万億恒河
沙等衆生從我聞法為阿耨多羅三藐三菩
提此諸衆生于今有住聲聞地者我常教化
阿耨多羅三藐三菩提是諸人等應以是法
漸入佛道所以者何如來智慧難信難解

BD00007　妙法蓮華經卷三

阿耨多羅三藐三菩提是諸人等應以是法
漸入佛道所以者何如来智慧難信難解尒
時所化无量恒河沙等衆生者汝等諸比丘
及我滅度後未来世中聲聞弟子是也我滅
度後復有弟子不聞是經不知不覺菩薩所
行自於所得功德生滅度想當入涅槃我於
餘國作佛更有異名是人雖生滅度之想入
於涅槃而於彼土求佛智慧得聞是經唯以
佛乘而得滅度更无餘乘除諸如来方便說
法諸比丘若如来自知涅槃時到衆又清淨
信解堅固了達空法入禪定便集諸菩薩
及聲聞衆為說是經世間无有二乘而得滅

深入衆生之性知其志樂小法深著五欲爲
是等故說於涅槃是人若聞則便信受譬如
五百由旬險難惡道曠絕无人怖畏之處若
有多衆欲過此道至珎寶處有一導師聦慧
明達善知險道通塞之相將導衆人欲過此
難所將人衆中路懈退白導師言我等疲極
而復怖畏不能復進前路猶遠今欲退還導
師多諸方便而作是念此等可愍云何捨大
珎寶而欲退還作是念已以方便力於險道
中過三百由旬化作一城告衆人言汝等勿
怖畏得退還今此大城可於中止隨意所作
若入是城快得安隱若能前至寶所亦可
得去是時疲極之衆心大歡喜歎未曾有我

得去是時疲極之衆心大歡喜歎未曾有我
等今者免斯惡道快得安隱於是衆人前入化
城生已度想生安隱想尒時導師知此人衆
既得止息无復疲惓即滅化城語衆人言汝
等去来寶處在近向者大城我所化作為止
息耳諸比丘如来亦復如是今為汝等作大
導師知諸生死煩惱惡道險難長遠應去應
度若衆生但聞一佛乘者則不欲見佛不欲
親近便作是念佛道長遠久受懃苦乃可得
成佛知是心怯弱下劣以方便力而於中道
為止息故說二涅槃若衆生住於二城如来
尒時即便為說汝等所作未辦汝所住地近
於佛慧當觀察籌量所得涅槃非真實也

但是如来方便之力於一佛乘分別説三如彼
導師為止息故化作大城既知息已而告之
言寶處在近此城非實我化作耳尒時世尊
欲重宣此義而説偈言

大通智勝佛　十劫坐道場　佛法不現前　不得成佛道
諸天神龍王　阿脩羅衆等　常雨於天華　以供養彼佛
諸天擊天鼓　并作衆伎樂　香風吹萎華　更雨新好者
過十小劫已　乃得成佛道　諸天及世人　心皆懷踊躍
彼佛十六子　皆與其眷屬　千万億圍繞　俱行至佛所
頭面礼佛足　而請轉法輪　聖師子法雨　充我及一切
世尊甚難值　久遠時一現　為覺悟群生　震動於一切
東方諸世界　五百万億國　梵宮殿光曜　昔所未曾有
諸梵見此相　尋来至佛所　散華以供養　并奉上宮殿

諸梵見此相 尋来至佛所 散華以供養 并奉上宮殿
請佛轉法輪 以偈而讃嘆 佛知時未至 受請嘿然坐
三方及四維 上下亦復尒 散華奉宮殿 請佛轉法輪
世尊甚難值 願以本慈悲 廣開甘露門 轉无上法輪
无量慧世尊 受彼衆人請 為宣種種法 四諦十二緣
无明至老死 皆從生緣有 如是衆過患 汝等應當知
宣暢是法時 六百万億姟 得盡諸苦際 皆成阿羅漢
第二説法時 千万恒沙衆 於諸法不受 亦得阿羅漢
從是後得道 其數无有量 万億劫筭數 不能得其邊
時十六王子 出家作沙弥 皆共請彼佛 演説大乘法
我等及營從 皆得成佛道 願得如世尊 慧眼第一淨
佛知童子心 宿世之所行 以无量因緣 種種諸譬喻
説六波羅蜜 及諸神通事 分別真實法 菩薩所行道

說是法華經　如恒河沙偈　彼佛說經已　靜室入禪定
一心一處坐　八万四千劫　是諸沙弥等　知佛禪未出
為无量億衆　說佛无上慧　各各坐法座　說是大乘經
於佛宴寂後　宣揚助法化　一一沙弥等　所度諸衆生
有六百万億　恒河沙等衆　彼佛滅度後　是諸聞法者
在在諸佛土　常與師俱生　是十六沙弥　具足行佛道
今現在十方　各得成正覺　尒時聞法者　各在諸佛所
其有住聲聞　漸教以佛道　我在十六數　曾亦為汝說
是故以方便　引汝趣佛慧　以是本因緣　今說法華經
令汝入佛道　慎勿懷驚懼　譬如險惡道　迥絕多毒獸
又復无水草　人所畏怖處　无數千万衆　欲過此險道
其路甚曠遠　逕五百由旬　時有一導師　彊識有智慧
明了心決定　在險濟衆難　衆人皆疲惓　而白導師言

其路甚曠遠　經五百由旬　時有一導師　強識有智慧
明了心決定　在險濟衆難　衆人皆疲惓　而白導師言
我等今頓乏　於此欲退還　導師作是念　此輩甚可愍
如何欲退還　而失大珎寶　尋時思方便　當設神通力
化作大城郭　莊嚴諸舍宅　周帀有園林　渠流及浴池
重門高樓閣　男女皆充滿　即作是化已　慰衆言勿懼
汝等入此城　各可隨所樂　諸人既入城　心皆大歡喜
皆生安隱想　自謂已得度　導師知息已　集衆而告言
汝等當前進　此是化城耳　我見汝疲極　中路欲退還
故以方便力　權化作此城　汝今勤精進　當共至寶所
我亦復如是　為一切導師　見諸求道者　中路而懈癈
不能度生死　煩惱諸險道　故以方便力　為息說涅槃
言汝等苦滅　所作皆已辦　既知到涅槃　皆得阿羅漢
今乃集大衆　為說真實法　諸佛方便力　分別說三乘

唯有一佛乘　息處故說二　今為汝說實　汝所得非滅
為佛一切智　當發大精進　汝證一切智　十力等佛法
具三十二相　乃是真實滅　諸佛之導師　為息說涅槃
既知是息已　引入於佛慧

妙法蓮華經卷第三

BD00008 觀世音經

（後秦）鳩摩羅什 譯

112.5cm × 25cm

稱觀世音菩薩名者
因緣名觀世音若復有
彼所執刀杖尋段段壞
叉羅刹欲來惱人聞其稱
不能以惡眼視之况復加害設
械枷鎖檢繫其身稱觀世音
解脫若三千大千國土滿中怨賊
寶經過嶮路其中一人作是唱
當一心稱觀世音菩薩名号是
若稱名者於此怨賊當得
世音菩薩稱其名故即得解
薩威神之力巍巍如是若有
音菩薩便得離欲若多嗔恚
離恚若多愚癡常念恭敬觀
觀世音菩薩有如是等大威神
心念若有女人設欲求男礼拜
慧之男設欲求女便生端正有

無盡意若有人受持六十二億
養飲食衣服卧具醫藥於汝意
多不無盡意言甚多世尊佛言
名号乃至一時礼拜供養是二人福
不可窮盡無盡意受持觀世音菩
福德之利　　無盡意菩
云何遊此娑婆世界云何而為衆生説法方便之力其
告無盡意菩薩善男子若有國土衆生應以佛身
世音菩薩即現佛身而為説法應以辟支佛身得
辟支佛身而為説法應以聲聞身得度者即現聲
為説法應以梵王身得度者即現梵王身而為説法應
帝釋身得度者即現帝釋身而為説法應以自在天身得度
者即現自在天身而為説法應以大自在天身得度者即現
大自在天身而為説法應以天大將軍身得度者即現天大將
軍身而為説法應以毗沙門身得度者即現毗沙門身而為説
法應以小王身得度者即現小王身而為説法應以長者身
得度者即現長者身而為説法應以居士身得度者即現居
士身而為説法應以宰官身得度者即現宰官身而為説

得度者即現長者身而爲說法應以居士身得度者即現居
士身而爲說法應以宰官身得度者即現宰官身而爲說
法應以婆羅門身得度者即現婆羅門身而爲說法應以比
丘比丘尼優婆塞優婆夷身得度者即現比丘比丘尼優婆
塞優婆夷身而爲說法應以長者居士宰官婆羅門婦女身
得度者即現婦女身而爲說法應以童男童女身得度者
即現童男童女身而爲說法應以天龍夜叉乾闥婆阿脩羅
迦樓羅緊那羅摩睺羅伽人非人等身得度者即皆現之而
爲說法應以執金剛神得度者即現金剛神而爲說法無盡
意是觀世音菩薩成就如是功德以種種形遊諸國土度脫衆
生是故汝等應當一心供養觀世音菩薩是觀世音菩薩摩
訶薩於怖畏急難之中能施無畏是故此娑婆世界皆號
之爲施無畏者無盡意菩薩白佛言世尊我今當供養觀
世音菩薩即解衆寶珠瓔珞價直百千兩金而以與之作是
言仁者受此法施珍寶瓔珞時觀世音菩薩不肯受之無
盡意復白觀世音菩薩仁者愍我等故受此瓔珞尒時佛告
觀世音菩薩當愍此無盡意菩薩及四衆天龍夜叉乾闥
婆阿脩羅迦樓羅緊那羅摩睺羅伽人非人等故受是瓔

音菩薩有如是自在神力遊於娑婆世界　尒時無盡意菩薩
以偈問曰
世尊妙相具　我今重問彼　佛子何因緣　名爲觀世音　具足妙相尊
偈荅無盡意　汝聽觀音行　善應諸方所　弘誓深如海　歷劫不思議
侍多千億佛　發大清淨願　我爲汝略說　聞名及見身　心念不空過
能滅諸有苦　假使興害意　推落大火坑　念彼觀音力　火坑變成池
或漂流巨海　龍魚諸鬼難　念彼觀音力　波浪不能沒　或在須弥峯
爲人所推墮　念彼觀音力　如日虛空住　或被惡人逐　墮落金剛山
念彼觀音力　不能損一毛　或值怨賊繞　各執刀加害　念彼觀音力
咸即起慈心　或遭王難苦　臨刑欲壽終　念彼觀音力　刀尋段段壞
或囚禁枷鎖　手足被杻械　念彼觀音力　釋然得解脫　呪咀諸毒藥
所欲害身者　念彼觀音力　還著於本人　或遇惡羅剎　毒龍諸鬼等
念彼觀音力　時悉不敢害　若惡獸圍遶　利牙爪可怖　念彼觀音力
疾走无邊方　蚖蛇及蝮蝎　氣毒煙火然　念彼觀音力　尋聲自迴去
雲雷鼓掣電　降雹澍大雨　念彼觀音力　應時得消散　衆生被困厄
無量苦逼身　觀音妙智力　能救世間苦　具足神通力　廣脩智方便
十方諸國土　無剎不現身　種種諸惡趣　地獄鬼畜生　生老病死苦

十方諸國土　無刹不現身　種種諸惡趣　地獄鬼畜生　生老病死苦
以漸悉令滅　真觀清淨觀　廣大智慧觀　悲觀及慈觀　常願常瞻仰
無垢清淨光　慧日破諸闇　能伏災風火　普明照世間　悲體戒雷震
慈意妙大雲　澍甘露法雨　滅除煩惱炎　諍訟經官處　怖畏軍陣中
念彼觀音力　衆怨悉退散　妙音觀世音　梵音海潮音　勝彼世間音
是故須常念　念念勿生疑　觀世音淨聖　於苦惱死厄　能為作依怙
具一切功德　慈眼視衆生　福聚海無量　是故應頂禮
尒時持地菩薩即從座起前白佛言世尊若有衆生聞是觀
世音菩薩品自在之業普門示現神通力者當知是人功德
不少佛說是普門品時衆中八萬四千衆生皆發無等等
阿耨多羅三藐三菩提心

觀世音經

BD00009 維摩詰所說經卷中

（後秦）鳩摩羅什 譯

346cm × 25.4cm

維摩詰所說經文殊師利問疾品第五　卷中
尒時佛告文殊師利汝行詣維摩詰問疾文
殊師利白佛言世尊彼上人者難爲酬對深
達實相善說法要辯才无滯智慧[illegible]
切菩薩法式悉知諸佛秘藏无不得入[illegible]
魔遊戲神通其慧方便皆已得度雖然當承
佛聖旨詣彼問疾於是衆中諸菩薩大弟子
釋梵四天王等咸作是念今二大士文殊師利

聞百千天人皆欲隨從於是文殊師利與諸
菩薩大弟子衆及諸天人恭敬圍繞入毗
耶離大城尒時長者維摩詰心念今文殊師
利與大衆俱來即以神力空其室內除去所
有及諸侍者唯置一牀以疾而卧文殊師利
既入其舍見其室空无諸所有獨寢一牀時
維摩詰言善來文殊師利不來相而來不見
相而見文殊師利言如是居士若來已更不來
若去已更不去所以者何來者无所從來
去者无所至所可見者更不可見且置是事
居士是疾寧可忍不療治有損不至增乎世
尊慇懃致問无量居士是疾何所因起其生
久如當云何滅維摩詰言從癡有愛則我病生
以一切衆生病是故我病若一切衆生得病

以一切衆生病是故我病若一切衆生得病
滅則我病滅所以者何菩薩為衆生故入
生死有生死則有病若衆生得離病者則
菩薩无復病譬如長者唯有一子其子得病
父母亦病若子病愈父母亦愈菩薩如是於
諸衆生愛之若子衆生病則菩薩病衆生
病愈菩薩亦愈又言是疾何所因起菩薩疾
者以大悲起文殊師利言居士此室何以空无
侍者維摩詰言諸佛國土亦復皆空又問以
何為空荅曰以空空又問空何用空荅曰以
无分别空故空又問空可分别耶荅曰分别
亦空又問空當於何求荅曰當於六十二見
中求又問六十二見當於何求荅曰當於諸佛

者一切眾魔及諸外道皆吾侍也所以者何
眾魔者樂生死菩薩於生死而不捨外道
者樂諸見菩薩於諸見而不動文殊師利言
居士所疾為何等相維摩詰言我病无形不
可見又問此病身合耶心合耶答曰非身合身
相離故亦非心合心如幻故又問地大水大火
大風大於此四大何大之病答曰是病非地大
亦不離地大水火風大亦復如是而眾生病
從四大起以其有病是故我病尒時文殊
師利問維摩詰言菩薩應云何慰喻有疾菩
薩維摩詰言說身无常不說厭離於身說
身有苦不說樂於涅槃說身无我而說教導
眾生說身空寂不說畢竟寂滅說悔先罪而

BD00009　維摩詰所説經卷中

衆生說身空寂不說畢竟寂滅說悔先罪而
不說入於過去以己之疾愍於彼疾當識宿
世无數劫苦當念饒益一切衆生憶所脩福
念於淨命勿生憂惱常起精進當作醫王
療治衆病菩薩應如是慰喻有疾菩薩令
其歡喜文殊師利言居士有疾菩薩云何調伏其
心維摩詰言有疾菩薩應作是念今我此病皆
從前世妄想顛倒諸煩惱生无有實法誰
受病者所以者何四大合故假名爲身四大
无主身亦无我又此病起皆由著我是故於
我不應生著既知病本即除我想及衆生想
當起法想應作是念但以衆法合成此身起
唯法起滅唯法滅又此法者各不相知起時不

者當作是念此法想者亦是顛倒顛倒者是
是大患我應離之云何為離離我我所云何離
我我所謂離二法云何離二法謂不念內外
諸法行於平等云何平等謂我等涅槃等
所以者何我及涅槃此二皆空以何為空但以
名字故空如此二法无決定性得是平等无
有餘病唯有空病空病亦空是有病菩薩
以无所受而受諸受未具佛法亦不滅受而
取證也設身有苦當念惡趣衆生起大悲心
我既調伏亦當調伏一切衆生但除其病而不
除法為斷病本而教導之何為病本謂有攀
緣從有攀緣則有病本何所攀緣謂之三
界云何斷攀緣以无所得若无所得則无攀
緣何謂无所得謂離二見何謂二見謂內見

BD00009　維摩詰所說經卷中

緣何謂无所得謂離二見何謂二見謂内見
外見是无所得文殊師利是為有疾菩薩調
伏其心為斷老病死苦是菩薩菩提若不如
是已所脩治為无慧利譬如勝怨乃可為勇
如是兼除老病死者菩薩之謂也彼有疾菩
薩應復作是念如我此病非真非有衆生病亦
非真非有作是觀時於諸衆生若起愛見大
悲即應捨離所以者何菩薩斷除客塵煩惱
而起大悲愛見悲者則於生死有疲厭心
若能離此无有疲厭在在所生不為愛見之所
覆也所生无縛能為衆生說法解縛如佛所
說若自有縛能解彼縛无有是處若自无縛
能解彼縛斯有是處是故菩薩不應起縛何
謂縛何謂解貪著禪味是菩薩縛以方便生

是菩薩解又无方便慧縛有方便慧解无
慧方便縛有慧方便解何謂无方便慧縛謂
菩薩以愛見心莊嚴佛土成就衆生於空无相
无作法中而自調伏是名无方便慧縛何謂有
方便慧解謂不以愛見心莊嚴佛土成就衆
生於空无相无作法中以自調伏而不疲厭是
名有方便慧解何謂无慧方便縛謂菩薩住
貪欲瞋恚邪見等諸煩惱而殖衆德本是
名无慧方便縛何謂有慧方便解謂離諸
貪欲瞋恚邪見等諸煩惱而殖衆德本迴
向阿耨多羅三藐三菩提是名有慧方便解
文殊師利彼有疾菩薩應如是觀諸法又復觀
身无常苦空非我是名為慧雖身有疾常
在生死饒益一切而不厭倦是名方便又復觀

在生死饒益一切而不厭倦是名方便又復觀
身身不離病病不離身是病是身非新非
故是名爲慧設身有疾而不永滅是名方便
文殊師利有疾菩薩應如是調伏其心不住其
中亦復不住不調伏心所以者何若住不調伏心
是愚人法若住調伏心是聲聞法是故菩薩
不當住於調伏不調伏心離此二法是菩薩
行在於生死不爲汙行住於涅槃不永滅度
是菩薩行非凡夫行非賢聖行是菩薩行
非垢行非淨行是菩薩行雖過魔行而現降
伏衆魔是菩薩行求一切智无非時求是
菩薩行雖觀諸法不生不滅而不入正位是菩
薩行雖觀十二緣起而入諸邪見是菩薩行雖
[illegible]

而不依身心盡是菩薩行雖行三界而不壞法
性是菩薩行雖行於空而殖衆德本是菩
薩行雖行无相而度衆生是菩薩行雖行无
作而現受身是菩薩行雖行无起而起一切善
行是菩薩行雖行六波羅蜜而遍知衆生心心
數法是菩薩行雖行六通而不盡漏是菩
薩行雖行四无量心而不貪著生於梵世
是菩薩行雖行禪定解脫三昧而不隨禪生
是菩薩行雖行四念處而不永離身受心法
是菩薩行雖行四正勤而不捨身心精進
是菩薩行雖行四如意足而得自在神通是菩
薩行雖行五根而分別衆生諸根利鈍是
菩薩行雖行五力而樂求佛十力是菩薩行
雖行七覺分而分別佛之智慧是菩薩行雖

雖行七覺分而分別佛之智慧是菩薩行雖
行八正道而樂行无量佛道是菩薩行雖行止
觀助道之法而不畢竟墮於寂滅是菩薩行
雖行諸法不生不滅而以相好莊嚴其身是
菩薩行雖現聲聞辟支佛威儀而不捨佛法
是菩薩行雖隨諸法究竟淨相而隨所應爲
現其身是菩薩行雖觀諸佛國土永寂如空
而現種種清淨佛土是菩薩行雖得佛道
轉于法輪入於涅槃而不捨於菩薩之道是菩
薩行說是語時文殊師利所將大衆其中
八千天子皆發阿耨多羅三藐三菩提心

不思議品第六

尒時舍利弗見此室中无有牀坐作是念斯
諸菩薩大弟子衆當於何坐長者維摩詰

邪舍利弗言我為法來非為牀坐維摩詰
言唯舍利弗夫求法者不貪軀命何況牀坐
夫求法者非有色受想行識之求非有界入
之求非有欲色无色之求唯舍利弗夫求法者
不著佛求不著法求不著衆求夫求法者
无見苦求无斷集求无造盡證脩道之求所
以者何法无戲論若言我當見苦斷集證滅
脩道是則戲論非求法也唯舍利弗法名寂
滅若行生滅是求生滅非求法也法名无染
若染於法乃至涅槃是則染著非求法也法
无行處若行於法是則行處非求法也法无
取捨若取捨法是則取捨非求法也法无處
所若著處所是則著處非求法也法名无相

BD00009　維摩詰所說經卷中

所著處所是則著處非求法也法名无相
若隨相識是則求相非求法也法不可住若
住於法是則住法非求法也法不可見聞覺知
若行見聞覺知是則見聞覺知非求法也
法名无為若行有為是求有為非求法也
是故舍利弗若求法者 於一切法應无所求說
是語時五百天子於諸法中得法眼淨尒時
長者維摩詰問文殊師利仁者遊於无量千
萬億阿僧祇國何等佛土有好上妙功德成
就師子之座文殊師利言居士東方度卅六
恒河沙國有世界名須弥相其佛号須弥燈
王今現在彼佛身長八萬四千由旬其師子
座高八萬四千由旬嚴飾第一於是長者維
摩詰現神通力即時彼佛遣三萬二千師

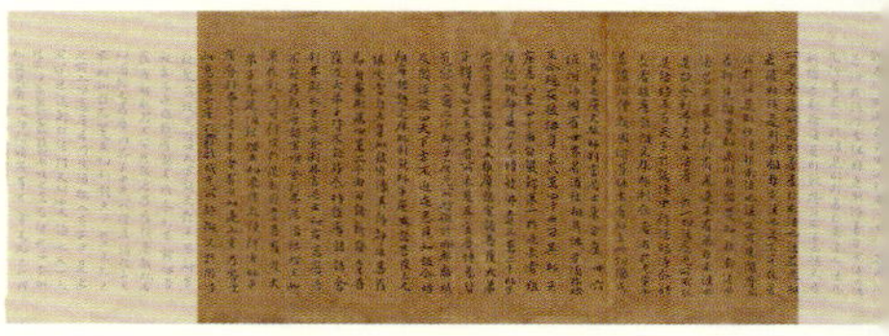

子釋梵四天王等昔所未見其室廣博悉皆
苞容三萬二千師子座无所妨礙於毗耶離城
及閻浮提四天下亦不迫迮悉見如故尒時
維摩詰語文殊師利就師子座與諸菩薩上人
俱坐當自立身如彼坐像其得神通菩薩
即自變形爲四萬二千由旬諸新發意菩
薩及大弟子皆不能昇尒時維摩詰語舍
利弗就師子座舍利弗言居士此座高廣吾
不能昇維摩詰言唯舍利弗爲須弥燈王如
来作礼乃可得坐於是新發意菩薩及大
弟子即爲須弥燈王如来作礼便得坐師子
座舍利弗言居士未曾有也如是小室乃容受
此高廣之座於毗耶離城无所妨礙又於閻浮

BD00009　維摩詰所説經卷中

此高廣之座於毗耶離城无所妨礙又於閻浮
提聚落城邑及四天下諸天龍王鬼神宮
殿亦不迫迮維摩詰言唯舍利弗諸佛菩
薩有解脫名不可思議若菩薩住是解脫者
以須弥之高廣内芥子中无所增減須弥山王
本相如故而四天王忉利諸天不覺不知已
之所入唯應度者乃見須弥入芥子中是名
不可思議解脫法門又以四大海水入一毛
孔不嬈魚鼈黿鼉水性之屬而彼大海本相
如故諸龍鬼神阿脩羅等不覺不知已之所

BD00010

維摩詰所説經卷上

（後秦）鳩摩羅什 譯

545.5cm × 27cm

菩提心如是長者維摩詰為諸問疾者如應
説法令无數千人皆發阿耨多羅三藐三菩
提心

弟子品第三

尒時長者維摩詰自念寢疾于牀世尊大慈
寧不垂愍佛知其意即告舍利弗汝行詣維
摩詰問疾舍利弗白佛言世尊我不堪任詣
彼問疾所以者何憶念我昔曾於林中宴
坐樹下時維摩詰來謂我言唯舍利弗不必
是坐為宴坐也夫宴坐者不於三界現身意是
為宴坐不起滅定而現諸威儀是為宴坐不
捨道法而現凡夫事是為宴坐心不住內亦不
在外是為宴坐於諸見不動而脩行卅七品

[illegible]時我世尊聞說是
然而止不能加報故我不任詣彼問疾
佛告大目揵連汝行詣維摩詰問疾目連白
佛言世尊我不堪任詣彼問疾所以者何憶
念我昔入毗耶離大城於里巷中為諸居士
說法時維摩詰來謂我言唯大目連為白衣
居士說法不當如仁者所說夫說法者當如
法說法无衆生離衆生垢故法无有我離我
垢故法无壽命離生死故法无有人前後際
斷故法常寂然滅諸相故法離於相无所緣
故法无名字言語斷故法无有說離覺觀故
法无形相如虛空故法无戲論畢竟空故法
无我所離我所故法无分別離諸識故法无
有比无相待故法不屬因不在緣故法同法
性入諸法故法隨於如无所隨故法住實際

BD00010　維摩詰所説經卷上

性入諸法故法隨於如无所隨故法住實際
諸邊不動故法无動搖不依六塵故法无去
來常不住故法順空隨无相應无作法離好
醜法无增損法无生滅法无所歸法過眼耳
鼻舌身心法无高下法常住不動法離一切
觀行唯大目連法相如是豈可說乎夫說法者
无說无示其聽法者无聞无得譬如幻士
為幻人說法當建是意而為說法當了衆生
根有利鈍善於知見无所罣礙以大悲心讚
于大乘念報佛恩不斷三寶然後說法維摩
詰說是法時八百居士發阿耨多羅三藐三菩
提心我无此辯是故不任詣彼問疾
佛告大迦葉汝行詣維摩詰問疾迦葉白佛

我昔於貧里而行乞時維摩詰來謂我言
唯大迦葉有慈悲心而不能普捨豪富從
貧乞迦葉住平等法應次行乞食為不食故應
行乞食為壞和合相故應取揣食為不受故
應受彼食以空聚想入於聚落所見色與盲
等所聞聲與響等所嗅香與風等所食味不
分別受諸觸如智證知諸法如幻相无自性
无他性本自不然今則无滅迦葉若能不捨
八邪入八解脫以邪相入正法以一食施一
切供養諸佛及衆賢聖然後可食如是食者
非有煩惱非離煩惱非入定意非起定意非
住世間非住涅槃其有施者无大福无小福
不為益不為損是為正入佛道不依聲聞迦
葉若如是食為不空食人之施也時我世尊
聞說是語得未曾有即於一切菩薩深起敬

BD00010　維摩詰所説經卷上

葉若如是食爲不空食人之施也時我世尊
聞說是語得未曾有即於一切菩薩深起敬
心復作是念斯有家名辯才智慧乃能如是
其誰不發阿耨多羅三藐三菩提心我從是
來不復勸人以聲聞辟支佛行是故不任詣
彼問疾
佛告須菩提汝行詣維摩詰問疾須菩提白
佛言世尊我不堪任詣彼問疾所以者何憶
念我昔入其舍從乞食時維摩詰取我鉢盛
滿飯謂我言唯須菩提若能於食等者諸
法亦等諸法等者於食亦等如是行乞乃可取
食若須菩提不斷婬怒癡亦不與俱不壞於
身而隨一相不滅癡愛起於明脫以五逆相
而得解脫亦不解不縛不見四諦非不見諦

人雖成就一切法而離諸法相乃可取食若
須菩提不見佛不聞法彼外道六師富蘭那
迦葉末伽梨拘賒梨子刪闍耶毗羅胝子阿耆
多翅舍欽婆羅迦羅鳩馱迦旃延尼揵陁若
提子等是汝之師因其出家彼師所墮汝
亦隨墮乃可取食若須菩提入諸耶見不到
彼岸住於八難不得无難同於煩惱離清淨
法汝得无諍三昧一切衆生亦得是定其施
汝者不名福田供養汝者墮三惡道為與衆
魔共一手作諸勞侶汝與衆魔及諸塵勞等
无有異於一切衆生而有怨心謗諸佛毀於
法不入衆數終不得滅度汝若如是乃可取
食時我世尊聞此語茫然不識是何言不
知以何答便置鉢欲出其舍維摩詰言唯須

BD00010　維摩詰所説經卷上

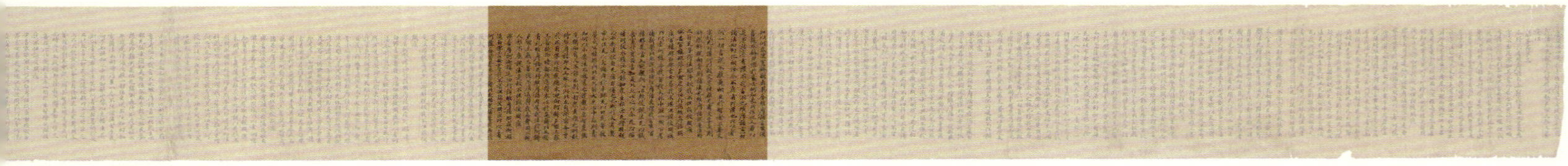

知以何荅便置鉢欲出其舍維摩詰言唯須
菩提取鉢勿懼於意云何如來所作化人若以
是事詰寧有懼不我言不也維摩詰言一切
諸法如幻化相汝今不應有所懼也所以者
何一切言說不離是相至於智者不著文
字故无所懼何以故文字性離无有文字是則
解脫解脫相者則諸法也維摩詰說是法時
二百天子得法眼淨故我不任詣彼問疾
佛告富樓那彌多羅尼子汝行詣維摩詰問
疾富樓那白佛言世尊我不堪任詣彼問疾
所以者何憶念我昔於大林中在一樹下為
諸新學比丘說法時維摩詰來謂我言唯富
樓那先當入定觀此人心然後說法无以穢

琉同彼水精汝不能知衆生根源无得發起
以小乘法彼自无瘡勿傷之也欲行大道莫
示小徑无以大海內於牛跡无以日光等彼
螢火富樓那此比丘久發大乘心中忘此意
如何以小乘法而教導之我觀小乘智慧微
淺猶如盲人不能分別一切衆生根之利鈍
時維摩詰即入三昧令此比丘自識宿命曾
於五百佛所殖衆德本迴向阿耨多羅三藐
三菩提即時豁然還得本心於是諸比丘稽
首礼維摩詰足時維摩詰因爲說法於阿耨
多羅三藐三菩提不復退轉我念聲聞不觀
人根不應說法是故不任詣彼問疾
佛告摩訶迦旃延汝行詣維摩詰問疾迦旃
延白佛言世尊我不堪任詣彼問疾所以者
何憶念昔者佛爲諸比丘略說法要我即於

延白佛言世尊我不堪任詣彼問疾所以者
何憶念昔者佛為諸比丘略說法要我即於
後敷演其義謂无常義苦義空義无我義
寂滅義時維摩詰来謂我言唯迦旃延无以生
滅心行說實相法迦旃延諸法畢竟不生不
滅是无常義五受陰洞達空无所起是苦義
諸法究竟无所有是空義於我无我而不二
是无我義法本不然今則无滅是寂滅義說
是法時彼諸比丘心得解脫故我不任詣彼
問疾
佛告阿那律汝行詣維摩詰問疾阿那律
白佛言世尊我不堪任詣彼問疾所以者何
憶念我昔於一處經行時有梵王名曰嚴淨
與万梵俱放淨光明来詣我所稽首作礼問
我言幾何阿那律天眼所見我即答言仁者吾見此釋迦牟尼佛土三千

吾見此釋迦牟尼佛土三千大千世界如觀
掌中阿摩勒菓時維摩詰來謂我唯阿那
律天眼所見為作相耶無作相耶假使作相則
與外道五通等若無作相即是無為不應有
見世尊我時默然彼諸梵聞其言得未曾有
即為作禮而問曰世孰有真天眼者維摩詰
言有佛世尊得真天眼常在三昧悉見諸佛
國不以二相於是嚴淨梵王及其眷屬五百
梵天皆發阿耨多羅三藐三菩提心禮維摩
詰足已忽然不現故我不任詣彼問疾
佛告優波離汝行詣維摩詰問疾優波離白
佛言世尊我不堪任詣彼問疾所以者何憶
念昔者有二比丘犯律行以為恥不敢問佛
來問我言唯優波離我等犯律誠以為恥不
敢問佛願解疑悔得免斯咎我即為其如法

BD00010　維摩詰所說經卷上

来問我言唯優波離我等犯律誠以為恥不
敢問佛願解疑悔得免斯咎我即為其如法
解說時維摩詰来謂我言唯優波離无重增
此二比丘罪當直除滅勿擾其心所以者何
彼罪性不在内不在外不在中間如佛所說
心垢故衆生垢心淨故衆生淨心亦不在内
不在外不在中間如其心然罪垢亦然諸法
亦然不出於如如優波離以心相得解脫時
寧有垢不我言不也維摩詰言一切衆生心
相无垢亦復如是唯優波離妄想是垢无妄
想是淨顛倒是垢无顛倒是淨取我是垢不
取我是淨優波離一切法生滅不住如幻如
電諸法不相待乃至一念不住諸法皆妄見
如夢如炎如水中月如鏡中像以妄想生其

知此者是名奉律其知此者是名善解
二比丘言上智哉是優波離所不及持律之
上而不能說我答言自捨如來未有聲聞及
菩薩能制其樂說之辯其智慧明達爲若此
也時二比丘疑悔即除發阿耨多羅三藐三
菩提心作是願言令一切衆生皆得是辯故
我不任詣彼問疾
佛告羅睺羅汝行詣維摩詰問疾羅睺羅白
佛言世尊我不堪任詣彼問疾所以者何憶
念昔時毗耶離諸長者子來詣我所稽首作
礼問我言唯羅睺羅汝佛之子捨轉輪王位
出家爲道其出家者有何等利我即如法爲
說出家功德之利時維摩詰來謂我言唯羅
睺羅不應說出家功德之利所以者何无利
无功德是爲出家有爲法者可說有利有功

无功德是為出家有為法者可説有利有功
德夫出家者為无為法无為法中无利无功
德羅睺羅夫出家者无彼无此亦无中間離
六十二見處於涅槃智者所受聖所行處降
伏衆魔度五道淨五眼得五力立五根不惱
於彼離衆雜惡摧諸外道超越假名出淤泥
无繫著无我所无所受无擾亂内懷喜護彼
意隨禪定離衆過若能如是真出家於是
維摩詰語諸長者子言汝等於正法中宜共出
家所以者何佛世難值諸長者子言居士我聞
佛言父母不聽不得出家維摩詰言然汝等
便發阿耨多羅三藐三菩提心是即出家是
即具足尒時卅二長者子皆發阿耨多羅
三藐三菩提心故我不任詣彼問疾

佛告阿難汝行詣維摩詰問疾阿難白佛言
世尊我不堪任詣彼問疾所以者何憶念昔
時世尊身小有疾當用牛乳我即持鉢詣大
婆羅門家門下立時維摩詰來謂我言唯阿
難何為晨朝持鉢住此我言居士世尊身小
有疾當用牛乳故來至此維摩詰言止止阿
難莫作是語如來身者金剛之體諸惡已斷
衆善普會當有何疾當有何惱默往阿難勿
謗如來莫使異人聞此麁言无令大威德諸天
及他方淨土諸來菩薩得聞斯語阿難轉
輪聖王以少福故尚得无病豈況如來无量
福會普勝者哉行矣阿難勿使我等受斯耻
也外道梵志若聞此語當作是念何名為師
自疾不能救而能救諸疾人可密速去勿使
人聞當知阿難諸如來身即是法身非思欲

自疾不能救而能救諸疾人可密速去勿使
人聞當知阿難諸如來身即是法身非思欲
身佛為世尊過於三界佛身无漏諸漏已盡
佛身无為不墮諸數如此之身當有何疾時
我世尊實懷慚愧得无近佛而謬聽耶即
聞空中聲曰阿難如居士言但為佛出五濁惡
世現行斯法度脫衆生行矣阿難取乳勿慚
世尊維摩詰智慧辯才為若此也是故不任
詣彼問疾如是五百大弟子各各向佛說其
本緣稱述維摩詰所言皆曰不任詣彼問疾

菩薩品第四

於是佛告彌勒菩薩汝行詣維摩詰問疾彌
勒白佛言世尊我不堪任詣彼問疾所以者
何憶念我昔為兜率天王及其眷屬說

轉地之行時維摩詰來謂我言弥勒世尊授
仁者記一生當得阿耨多羅三藐三菩提為
用何生得受記乎過去耶未来耶現在耶若
過去生過去生已滅若未来生未来生未至
若現在生現在生无住如佛所說比丘汝今
即時亦生亦老亦滅若以无生得受記者无
生即是正位於正位中亦无受記亦无得阿耨
多羅三藐三菩提云何弥勒受一生記乎
為從如生得受記耶為從如滅得受記耶若
以如生得受記者如无有生若以如滅得受記
者如无有滅一切衆生皆如也一切法亦如也
衆賢聖亦如也至於弥勒亦如也若弥勒得
受記者一切衆生亦應受記所以者何夫
如者不二不異若弥勒得阿耨多羅三藐
三菩提者一切衆生亦應皆得所以者何一

BD00010　維摩詰所說經卷上

如者不二不異若弥勒得阿耨多羅三藐
三菩提者一切衆生亦應皆得所以者何一
切衆生即菩提相若弥勒得滅度者一切衆
生亦當滅度所以者何諸佛知一切衆生畢
竟寂滅即涅槃相不復更滅是弥勒无以
此法誘諸天子實无發阿耨多羅三藐三菩
提心者亦无退者弥勒當令此諸天子捨於
分別菩提之見所以者何菩提者不可以身
得不可以心得寂滅是菩提滅諸相故不觀
是菩提離諸緣故不行是菩提无憶念故斷
是菩提捨諸見故離是菩提離諸妄想故鄣
是菩提鄣諸願故不入是菩提无貪著故順
是菩提順於如故住是菩提住法性故至是

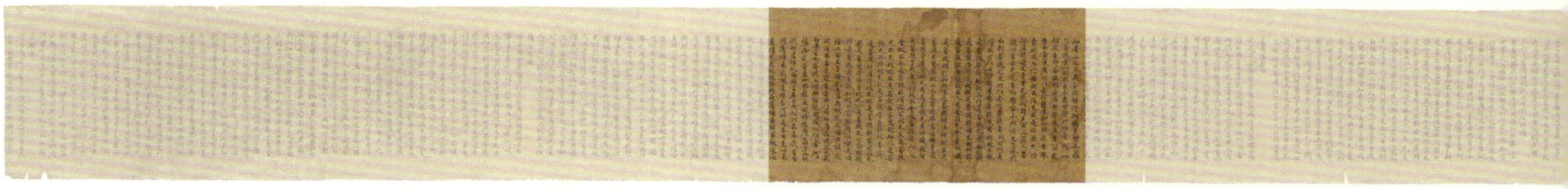

是菩提了衆生心行故不會是菩提諸入不
會故不合是菩提離煩惱習故无處是菩提
无形色故假名是菩提名字空故如化是菩
提无取捨故无亂是菩提常自靜故善寂
是菩提性清淨故无取是菩提離攀緣故无
異是菩提諸法等故无比是菩提无可喻故微
妙是菩提諸法難知故世尊維摩詰說是法
時二百天子得无生法忍故我不堪任詣彼
問疾佛告光嚴童子汝行詣維摩詰問疾光嚴
白佛言世尊我不堪任詣彼問疾所以者何
憶念我昔出毗耶離大城時維摩詰方入城
我即為作礼而問言居士從何所来荅我言吾
從道場来我問道場者何所是荅曰直心是
道場无虚假故發行是道場能辦事故深心

BD00010　維摩詰所說經卷上

道場无虛假故發行是道場能辯事故深心
是道場增益功德故菩薩心是道場无錯謬
故布施是道場不望報故持戒是道場得願
具故忍辱是道場於諸眾生心无㝵故精進是
道場不懈退故禪定是道場心調柔故智
慧是道場現見諸法故慈是道場等眾生故
悲是道場忍疲苦故喜是道場悅樂法故捨
是道場憎愛斷故神通是道場成就六通故
解脫是道場能背捨故方便是道場教化眾
生故四攝是道場攝眾生故多聞是道場如
聞行故伏心是道場正觀諸法故卅七品是
道場捨有為法故諦是道場不誑世間故
緣起是道場无明乃至老死皆无盡故諸煩
惱是道場知如實故眾生是道場知无我故一

切法是道場知諸法空故降魔是道場不傾
動故三界是道場无所趣故師子吼是道場
无所畏故力无畏不共法是道場无諸過故
三明是道場无餘㝵故一念知一切法是道
場成就一切智故如是善男子菩薩若應諸
波羅蜜教化衆生諸有所作舉足下足當知
皆從道場來住於佛法矣說是法時五百天
人皆發阿耨多羅三藐三菩提心故我不任
詣彼問疾
佛告持世菩薩汝行詣維摩詰問疾持世白
佛言世尊我不堪任詣彼問疾所以者何憶
念我昔住於靜室時魔波旬從万二千天女
狀如帝釋鼓樂絃歌來詣我所與其眷屬
稽首我足合掌恭敬於一面立我意謂是帝
釋而語之言善來憍尸迦雖福應有不當自

狀如帝釋鼓樂絃歌來詣我所與其眷屬
稽首我足合掌恭敬於一面立我意謂是帝
釋而語之言善來憍尸迦雖福應有不當自
恣當觀五欲无常以求善本於身命財而脩
堅法即語我言正士受是万二千天女可備掃
灑我言憍尸迦无以此非法之物要我沙門
釋子此非我宜所言未訖維摩詰來謂我言
非帝釋也是為魔來嬈固汝耳即語魔言是
諸女等可以與我如我應受魔即驚懼念維
摩詰將无惱我欲隱形去而不能隱盡其神
力亦不得去即聞空中聲曰波旬以女與之
乃可得去魔以畏故俛仰而與尒時維摩詰
語諸女言魔以汝等與我今汝皆當發阿耨
多羅三藐三菩提心即隨所應而為說法令
發道意復言汝等已發道意有法樂可以自

答言樂常信佛樂欲聽法樂供養衆樂離五
欲樂觀五陰如怨賊樂觀四大如毒虵樂觀
內入如空聚樂隨護道意樂饒益衆生樂敬
養師樂廣行施樂堅持戒樂忍辱柔和樂勤
集善根樂禪定不亂樂離垢明慧樂廣菩
提心樂降伏衆魔樂斷煩惱樂淨佛國土樂
成就相好故脩諸功德樂嚴道場樂聞深法
不畏樂三脫門不樂非時樂近同學樂於非
同學中心无恚礙樂將護惡知識樂近善知
識樂心喜清淨樂脩无量道品之法是爲菩
薩法樂於是波旬告諸女言我欲與汝俱還
天宮諸女言以我等與此居士有法樂我等
甚樂不復樂五欲樂也魔言居士可捨此女

甚樂不復樂五欲樂也魔言居士可捨此女
一切所有施於彼者是爲菩薩維摩詰言我
以捨矣汝便將去令一切衆生得法願具足於
是諸女問維摩詰我等云何止於魔宫維摩
詰言諸姊有法門名无盡燈汝等常學无
盡燈者譬如一燈然百千燈冥者皆明明終
不盡如是諸姊夫一菩薩開導百千衆生令
發阿耨多羅三藐三菩提心於其道意亦不
滅盡隨所說法而自增益一切善法是名无
盡燈也汝等雖住魔宫以是无盡燈令无數
天子天女發阿耨多羅三藐三菩提心者爲
報佛恩亦大饒益一切衆生尒時天女頭面
礼維摩詰足隨魔還宫忽然不現世尊維摩
詰有如是自在神力智慧辯才故我不任詣

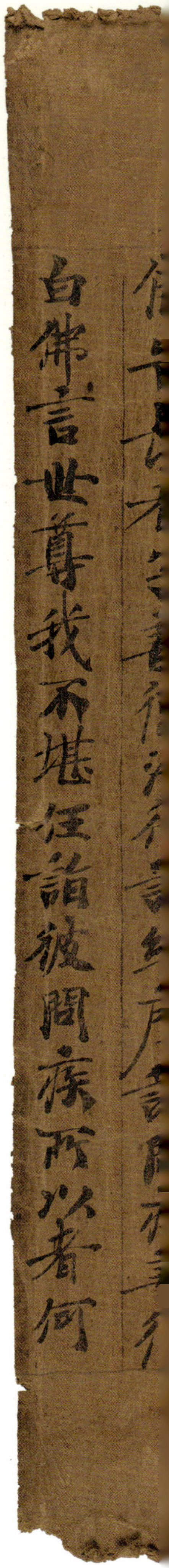

白佛言世尊我不堪任詣彼問疾所以者何

BD00011　大般若波羅蜜多經卷一六四

（唐）玄奘 譯

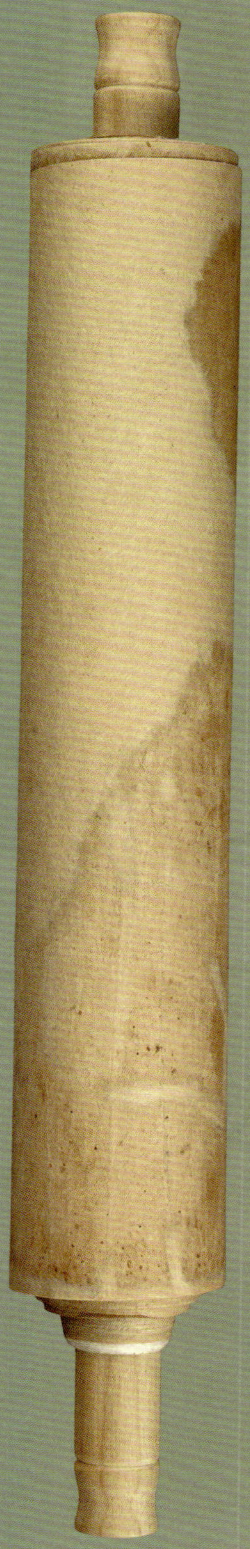

727.5cm × 25.7cm

無我亦
無四靜慮等可得
脩汝……汝若能脩如是布施是
脩布施波……以作是言汝善男子應脩
布施波羅蜜多……應觀四靜慮若淨若不淨
不應觀四無量四無色定若淨若不淨何以
故四靜慮四靜慮自性空四無量四無色定四
無量四無色定自性空是四靜慮自性即
非自性是四無量四無色定自性亦非自性
若非自性即是布施波羅蜜多於此布施波
羅蜜多四靜慮不可得彼淨不淨亦不可得
四無量四無色定皆不可得彼淨不淨亦不

布施波羅蜜多憍尸迦是善男子善女人等作
此等說是爲宣說真正布施波羅蜜多
復次憍尸迦若善男子善女人等爲發無上
菩提心者宣說布施波羅蜜多作如是言汝
善男子應脩布施波羅蜜多不應觀八解脫
若常若無常不應觀八勝處九次第定十
遍處若常若無常何以故八解脫八解脫自
性空八勝處九次第定十遍處八勝處九次第
定十遍處自性空是八解脫自性即非自性
是八勝處九次第定十遍處自性亦非自性
若非自性即是布施波羅蜜多於此布施波
羅蜜多八解脫不可得彼常無常亦不可得
八勝處九次第定十遍處皆不可得彼常無

廿

八勝處九次第定十遍處皆不可得彼常無
常亦不可得所以者何此中尚無八解脫等
可得何況有彼常與無常汝若能脩如是布
施是脩布施波羅蜜多復作是言汝善男子
應脩布施波羅蜜多不應觀八解脫若樂若
苦不應觀八勝處九次第定十遍處若樂若
苦何以故八解脫八解脫自性空八勝處九
次第定十遍處八勝處九次第定十遍處
自性空是八解脫自性即非自性是八勝處九
次第定十遍處自性亦非自性若非自性即
是布施波羅蜜多於此布施波羅蜜多八解
脫不可得彼樂與苦亦不可得八勝處九次
第定十遍處皆不可得彼樂與苦亦不可得
所以者何此中尚無八解脫等可得何

彼與無我汝若能脩如是布施是脩布施
波羅蜜多復作是言汝善男子應脩布施波
羅蜜多不應觀八解脫若我若無我不應觀
八勝處九次第定十遍處若我若無我何以
故八解脫八解脫自性空八勝處九次第定
十遍處八勝處九次第定十遍處自性空是
八解脫自性即非自性是八勝處九次第定
十遍處自性亦非自性若非自性即是布施
波羅蜜多於此布施波羅蜜多八解脫不可
得彼我無我亦不可得八勝處九次第定十
遍處皆不可得彼我無我亦不可得所以者
何此中尚無八解脫等可得何況有彼我與
無我汝若能脩如是布施是脩布施波羅蜜
多復作是言汝善男子應脩布施波羅蜜多

無手汝若能修如是布施是修布施波羅蜜
多復作是言汝善男子應修布施波羅蜜多
不應觀八解脫若淨若不淨不應觀八勝處
九次第定十遍處若淨若不淨何以故八解脫
八解脫自性空八勝處九次第定十遍處
八勝處九次第定十遍處自性空是八解脫
自性即非自性是八勝處九次第定十遍處
自性亦非自性若非自性即是布施波羅蜜
多於此布施波羅蜜多八解脫不可得彼淨
不淨亦不可得八勝處九次第定十遍處皆
不可得彼淨不淨亦不可得所以者何此中尚
無八解脫等可得何況有彼淨與不淨汝
若能修如是布施是修布施波羅蜜多憍
尸迦是善男子善女人等作此等說是為宣
説有所得布施波羅蜜多

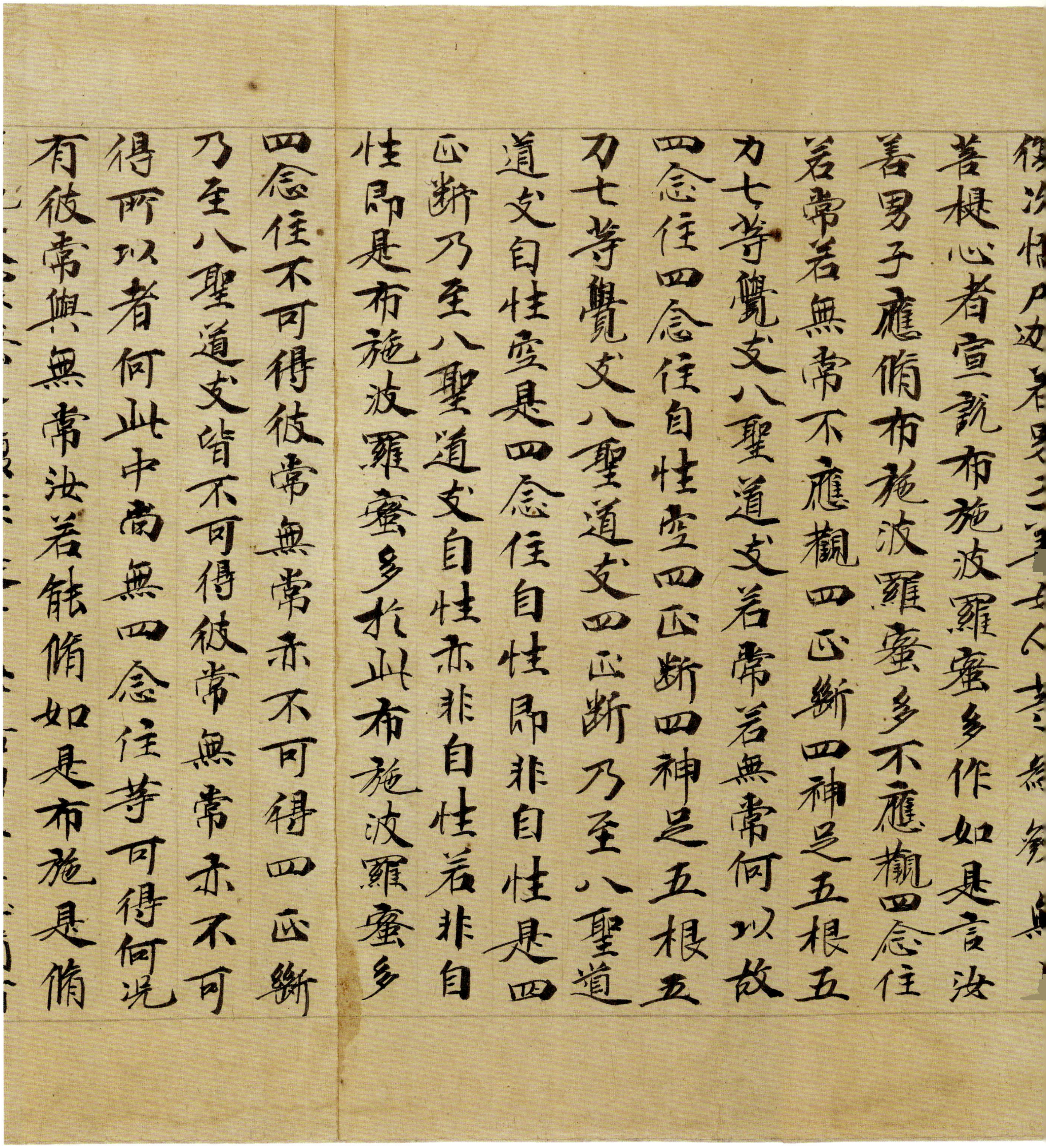

菩提心者宣說布施波羅蜜多作如是言汝
善男子應脩布施波羅蜜多不應觀四念住
若常若無常不應觀四正斷四神足五根五
力七等覺支八聖道支若常若無常何以故
四念住四念住自性空四正斷四神足五根五
力七等覺支八聖道支四正斷乃至八聖道
道支自性空是四念住自性即非自性是四
正斷乃至八聖道支自性亦非自性若非自
性即是布施波羅蜜多於此布施波羅蜜多
四念住不可得彼常無常亦不可得四正斷
乃至八聖道支皆不可得彼常無常亦不可
得所以者何此中尚無四念住等可得何況
有彼常與無常汝若能脩如是布施是脩

BD00011　大般若波羅蜜多經卷一六四

有彼常與無常汝若能脩如是布施是脩
布施波羅蜜多復作是言汝善男子應脩布
施波羅蜜多不應觀四念住若樂若苦不應
觀四正斷四神足五根五力七等覺支八聖道
支若樂若苦何以故四念住四念住自性空
四正斷四神足五根五力七等覺支八聖道
支四正斷乃至八聖道支自性空是四念住
自性即非自性是四正斷乃至八聖道支自
性亦非自性若非自性即是布施波羅蜜多
於此布施波羅蜜多四念住不可得彼樂與
苦亦不可得四正斷乃至八聖道支皆不可得
彼樂與苦亦不可得所以者何此中尚無四
念住等可得何況有彼樂之與苦汝若能
脩如是布施是脩布施波羅蜜多復作是言

汝善男子應脩布施波羅蜜多不應觀四
念住若我若無我不應觀四正斷四神足五根
五力七等覺支八聖道支若我若無我何以
故四念住四念住自性空四正斷四神足五根
五力七等覺支八聖道支四正斷乃至八
聖道支自性空是四念住自性即非自性是
四正斷乃至八聖道支自性亦非自性若非
自性即是布施波羅蜜多於此布施波羅蜜
多四念住不可得彼我無我亦不可得四正
斷乃至八聖道支皆不可得彼我無我亦不
可得所以者何此中尚無四念住等可得何
況有彼我與無我汝若能脩如是布施是脩
布施波羅蜜多復作是言汝善男子應脩
布施波羅蜜多不應觀四念住若淨若不淨

布施波羅蜜多不應觀四念住若淨若不淨
不應觀四正斷四神足五根五力七等覺支八
聖道支若淨若不淨何以故四念住四念住
自性空四正斷四神足五根五力七等覺支
八聖道支四正斷乃至八聖道支自性空是
四念住自性即非自性是四正斷乃至八聖
道支自性亦非自性若非自性即是布施波
羅蜜多於此布施波羅蜜多四念住不可
得彼淨不淨亦不可得四正斷乃至八聖道支
皆不可得彼淨不淨亦不可得所以者何此
中尚無四念住等可得何況有彼淨與不淨
汝若能脩如是布施是脩布施波羅蜜多
憍尸迦是善男子善女人等依此等說是為宣
說真正布施波羅蜜多

菩提心者宣說布施波羅蜜多作如是言汝
善男子應脩布施波羅蜜多不應觀空解
脫門若常若無常不應觀無相無願解脫門
若常若無常何以故空解脫門空解脫門自性
空無相無願解脫門無相無願解脫門自性
空是空解脫自性即非自性是無相無願
解脫門自性亦非自性若非自性即是布施
波羅蜜多於此布施波羅蜜多空解脫門不
可得彼常無常亦不可得無相無願解脫
門皆不可得彼常無常亦不可得所以者何
此中尚無空解脫門等可得何況有彼常與
無常汝若能脩如是布施是脩布施波羅蜜
多復作是言汝善男子應脩布施波羅蜜多亦

多復作是言汝善男子應脩布施波羅蜜多不
應觀空解脫門若樂若苦不應觀無相無願
解脫門若樂若苦何以故空解脫門空解脫
門自性空無相無願解脫門無相無願解脫
門自性空是空解脫門自性即非自性是無
相無願解脫門自性亦非自性若非自性即是
布施波羅蜜多於此布施波羅蜜多空解脫
門不可得彼樂與苦亦不可得無相無願解
脫門皆不可得彼樂與苦亦不可得所以者
何此中尚無空解脫門等可得何況有彼樂
之與苦汝若能脩如是布施是脩布施波羅
蜜多復作是言汝善男子應脩布施波羅蜜
多不應觀空解脫門若我若無我不應觀
無相無願解脫門若我若無我何以故空解

脫門空解脫門自性空無相無願解脫門無
相無願解脫門自性空是空解脫門自性即
非自性是無相無願解脫門自性亦非自性
若非自性即是布施波羅蜜多於此布施波
羅蜜多空解脫門不可得彼我無我亦不可
得無相無願解脫門皆不可得彼我無我亦
不可得所以者何此中尚無空解脫門等可
得何況有彼我與無我汝若能脩如是布施
是脩布施波羅蜜多復作是言汝善男子應
脩布施波羅蜜多不應觀空解脫門若淨
若不淨不應觀無相無願解脫門若淨若不
淨何以故空解脫門空解脫門自性空無相無
願解脫門無相無願解脫門自性空是空解
脫門自性即非自性是無相無願解脫門自性

脫門自性即非自性是無相無願解脫門自性
亦非自性若非自性即是布施波羅蜜多
於此布施波羅蜜多空解脫門不可得彼淨
不淨亦不可得無相無願解脫門皆不可得
彼淨不淨亦不可得所以者何此中尚無空
解脫門等可得何況有彼淨與不淨汝若
能脩如是布施是脩布施波羅蜜多憍尸迦是
善男子善女人等作此等說是為宣說真
正布施波羅蜜多
復次憍尸迦若善男子善女人等為發無上
菩提心者宣說布施波羅蜜多作如是言汝
善男子應脩布施波羅蜜多不應觀五眼
若常若無常不應觀六神通若常若無常
何以故五眼五眼自性空六神通六神通自性空

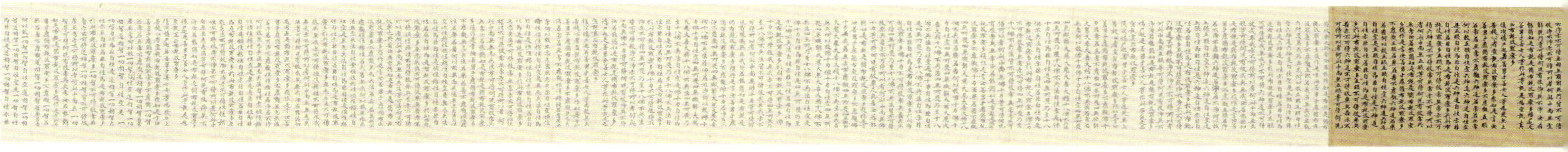

是五眼自性即非自性是六神通自性亦非
自性若非自性即是布施波羅蜜多於此布
施波羅蜜多五眼不可得彼常無常亦不可
得六神通不可得彼常無常亦不可得所以
者何此中尚無五眼等可得何況有彼常與
無常汝若能脩如是布施是脩布施波羅蜜
多復作是言汝善男子應脩布施波羅蜜多
不應觀五眼若樂若苦不應觀六神通若樂
若苦何以故五眼五眼自性空六神通六神通
自性空是五眼自性即非自性是六神通
自性亦非自性若非自性即是布施波羅蜜
多於此布施波羅蜜多五眼不可得彼樂與
苦亦不可得六神通不可得彼樂與苦亦不
可得所以者何此中尚無五眼等可得何況

可得所以者何此中尚無五眼等可得何況
有彼樂之與苦汝若能脩如是布施是脩布
施波羅蜜多復作是言汝善男子應脩布施
波羅蜜多不應觀五眼若我若無我不應觀
六神通若我若無我何以故五眼五眼自性
空六神通六神通自性空是五眼自性即非
自性是六神通自性亦非自性若非自性即
是布施波羅蜜多於此布施波羅蜜多五眼
不可得彼我無我亦不可得六神通不可得
彼我無我亦不可得所以者何此中尚無五
眼等可得何況有彼我與無我汝若能脩如
是布施是脩布施波羅蜜多復作是言汝善
男子應脩布施波羅蜜多不應觀五眼若淨
若不淨不應觀六神通若淨若不淨何以故

五眼五眼自性空六神通六神通自性空文

五眼自性即非自性是六神通自性亦非自
性若非自性即是布施波羅蜜多於此布施
波羅蜜多五眼不可得彼淨不淨亦不可得
六神通不可得彼淨不淨亦不可得所以者
何此中尚無五眼等可得何況有彼淨與不
淨汝若能脩如是布施是脩布施波羅蜜多
憍尸迦是善男子善女人等作此等說是爲
宣說真正布施波羅蜜多
復次憍尸迦若善男子善女人等爲發無上
菩提心者宣說布施波羅蜜多作如是言汝
善男子應脩布施波羅蜜多不應觀佛十
力若常若無常不應觀四無所畏四無礙解
大慈大悲大喜大捨十八佛不共法若常若

共若何以故佛十力佛十力自性空四無所畏

大慈大悲大喜大捨十八佛不共法若常若
無常何以故佛十力佛十力自性空四無所畏
四無礙解大慈大悲大喜大捨十八佛不共法
四無所畏乃至十八佛不共法自性空是佛
十力自性即非自性是四無所畏乃至十八
佛不共法自性亦非自性若非自性即是
布施波羅蜜多於此布施波羅蜜多佛十力
不可得彼常無常亦不可得四無所畏乃至
十八佛不共法皆不可得彼常無常亦不可
得所以者何此中尚無佛十力等可得何況
有彼常與無常汝若能脩如是布施是脩布
施波羅蜜多復作是言汝善男子應脩布施
波羅蜜多不應觀佛十力若樂若苦不應觀
四無所畏四無礙解大慈大悲大喜大

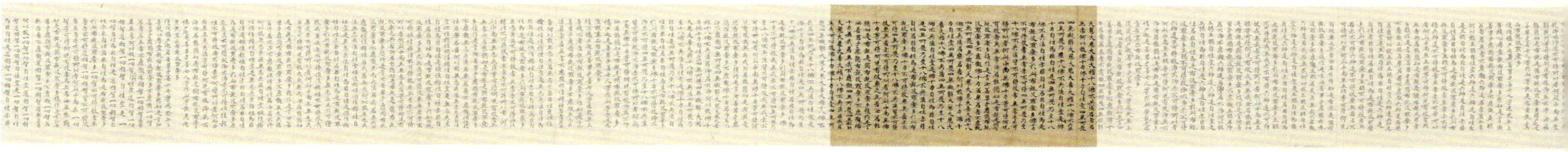

佛不共法若樂若苦何以故佛十力佛十
力自性空四無所畏四無礙解大慈大
喜大捨十八佛不共法四無所畏乃至十八
佛不共法自性空是佛十力自性即非自性
是四無所畏乃至十八佛不共法自性亦非
自性若非自性即是布施波羅蜜多於此布
施波羅蜜多佛十力不可得彼樂與苦亦不
可得四無所畏乃至十八佛不共法皆不可得
彼樂與苦亦不可得所以者何此中尚無佛
十力等可得何況有彼樂之與苦汝若能
脩如是布施是脩布施波羅蜜多復作是言
汝善男子應脩布施波羅蜜多不應觀佛
十力若我若無我不應觀四無所畏四無礙解
大慈大悲大喜大捨十八佛不共法若我若
無我何以故佛十力佛十力自性空四無所

大慈大悲大喜大捨十八佛不共法若我若
無我何以故佛十力佛十力自性空四無所
畏四無礙解大慈大悲大喜大捨十八佛不
共法四無所畏乃至十八佛不共法自性空是
佛十力自性即非自性是四無所畏乃至
十八佛不共法自性亦非自性若非自性即
是布施波羅蜜多於此布施波羅蜜多佛
十力不可得彼我無我亦不可得四無所畏乃
至十八佛不共法皆不可得彼我無我亦不
可得所以者何此中尚無佛十力等可得何
況有彼我與無我汝若能修如是布施是
修布施波羅蜜多復作是言汝善男子應
修布施波羅蜜多不應觀佛十力若淨若不
淨不應觀四無所畏四無礙解大慈大悲大喜大

於十八佛不共法若淨若不淨何以故佛十
力佛十力自性空四無所畏四無礙解大慈
大悲大喜大捨十八佛不共法四無所畏乃
至十八佛不共法自性空是佛十力自性即
非自性是四無所畏乃至十八佛不共法自
性亦非自性若非自性即是布施波羅蜜多
於此布施波羅蜜多佛十力不可得彼淨不
淨亦不可得四無所畏乃至十八佛不共法
皆不可得彼淨不淨亦不可得所以者何此
中尚無佛十力等可得何況有彼淨與不淨
汝若能脩如是布施是脩布施波羅蜜多
憍尸迦是善男子善女人等作此等說是為
宣說真正布施波羅蜜多
復次憍尸迦若善男子善女人等為發無上
菩提心者宣說布施波羅蜜多作如是言

復次憍尸迦若善男子善女人等爲發無上
菩提心者宣説布施波羅蜜多作如是言汝
善男子應脩布施波羅蜜多不應觀無忘失
法若常若無常不應觀恒住捨性若常若無
常何以故無忘失法無忘失法自性空恒住
捨性恒住捨性自性空是無忘失法自性即
非自性是恒住捨性自性亦非自性若非自
性即是布施波羅蜜多於此布施波羅蜜多
無忘失法不可得彼常無常亦不可得恒住
捨性不可得彼常無常亦不可得所以者何
此中尚無無忘失法等可得何况有彼常無
常汝若能脩如是布施是脩布施波羅蜜
多復作是言汝善男子應脩布施波羅蜜多
不應觀無忘失法若樂若苦不應觀恒住捨

性若我若無我何以故無忘失法無忘失法自性
空恒住捨性恒住捨性自性空是無忘失法
自性即非自性是恒住捨性自性亦非自
性若非自性即是布施波羅蜜多於此布施
波羅蜜多無忘失法不可得彼樂與苦亦不
可得恒住捨性不可得彼樂與苦亦不可得
所以者何此中尚無無忘失法等可得何况有
彼樂之與苦汝若能脩如是布施是脩布施
施波羅蜜多復作是言汝善男子應脩布施
波羅蜜多不應觀無忘失法若我若無我不
應觀恒住捨性若我若無我何以故無忘失
法無忘失法自性空恒住捨性恒住捨性自
性空是無忘失法自性即非自性是恒住捨
性自性亦非自性若非自性即是布施波羅
蜜多於此布施波羅蜜多無忘失法不可得

性自性亦非自性若非自性即是布施波羅
蜜多於此布施波羅蜜多無忘失法不可得
彼我無我亦不可得恒住捨性不可得彼我
無我亦不可得所以者何此中尚無無忘失
法等可得何況有彼我與無我汝若能脩如
是布施是脩布施波羅蜜多復作是言汝善
男子應脩布施波羅蜜多不應觀無忘失法
若淨若不淨不應觀恒住捨性若淨若不淨
何以故無忘失法無忘失法自性空恒住捨
性恒住捨性自性空是無忘失法自性即非
自性是恒住捨性自性亦非自性若非自性
即是布施波羅蜜多於此布施波羅蜜多無
忘失法不可得彼淨不淨亦不可得恒住捨
性不可得彼淨不淨亦不可得所以者何此

8

淨汝若能脩如是布施是脩布施波羅蜜多
憍尸迦是善男子善女人等作此等說是為
宣說真正布施波羅蜜多
復次憍尸迦若善男子善女人等為發無上
菩提心者宣說布施波羅蜜多作如是言汝
善男子應脩布施波羅蜜多不應觀一切智
若常若無常不應觀道相智一切相智若常
若無常何以故一切智一切智自性空道相智一切
相智道相智一切相智一切相智自性空是一
切智自性即非自性是道相智一切相智自
性亦非自性若非自性即是布施波羅蜜多
於此布施波羅蜜多一切智不可得彼常無
常亦不可得道相智一切相智皆不可得彼

常亦不可得道相智一切相智皆不可得彼
常無常亦不可得所以者何此中尚無一切
智等可得何況有彼常與無常汝若能脩
如是布施是脩布施波羅蜜多復作是言汝善
男子應脩布施波羅蜜多不應觀一切智若
樂若苦不應觀道相智一切相智若樂若苦
何以故一切智一切智自性空道相智一切相
智道相智一切相智自性空是一切智自性
即非自性是道相智一切相智自性亦非
自性若非自性即是布施波羅蜜多於此
布施波羅蜜多一切智不可得彼樂與苦亦
不可得道相智一切相智皆不可得彼樂與
苦亦不可得所以者何此中尚無一切智等可
得可況有彼樂與苦汝若能脩如是布施

是修布施波羅蜜多復作是言汝善男子
應修布施波羅蜜多不應觀一切智若我若
無我不應觀道相智一切相智若我若無我何
以故一切智一切智自性空道相智一切相
智道相智一切相智自性空是一切智自性
即非自性是道相智一切相智自性亦非自性
若非自性即是布施波羅蜜多於此布施
波羅蜜多一切智不可得彼我無我亦不可
得道相智一切相智皆不可得彼我無我亦
不可得所以者何此中尚無一切智等可得
何況有彼我與無我汝若能修如是布施是
修布施波羅蜜多復作是言汝善男子應
修布施波羅蜜多不應觀一切智若淨若不淨
不應觀道相智一切相智若淨若不淨何以
故一切智一切智自性空道相智一切相智道

不應觀道相智一切相智若淨若不淨何以
故一切智一切智自性空道相智一切相智道
相智一切相智自性空是一切智自性即非
自性是道相智一切相智自性亦非自性
若非自性即是布施波羅蜜多於此布施
波羅蜜多一切智不可得彼淨不淨亦不可得
道相智一切相智皆不可得彼淨不淨亦不
可得所以者何此中尚無一切智等可得何
況有彼淨與不淨汝若能脩如是布施是
脩布施波羅蜜多憍尸迦是善男子善女人
等作此等說是爲宣說真正布施波羅蜜多
復次憍尸迦若善男子善女人等爲發無上
菩提心者宣說布施波羅蜜多作如是言
汝善男子應脩布施波羅蜜多不應觀一切

陀羅尼門若常若無常不應觀一切三摩地
門若常若無常何以故一切陀羅尼門一切陀
羅尼門自性空一切三摩地門一切三摩地
門自性空是一切陀羅尼門自性即非自性
是一切三摩地門自性亦非自性若非自性
即是布施波羅蜜多於此布施波羅蜜多
一切陀羅尼門不可得彼常無常亦不可
得一切三摩地門不可得彼常無常亦不可得
所以者何此中尚無一切陀羅尼門等可得何
況有彼常與無常汝若能修如是布施是
修布施波羅蜜多復作是言汝善男子應修
布施波羅蜜多不應觀一切陀羅尼門若樂若
苦不應觀一切三摩地門若樂若苦何以故
一切陀羅尼門一切陀羅尼門自性空一切三

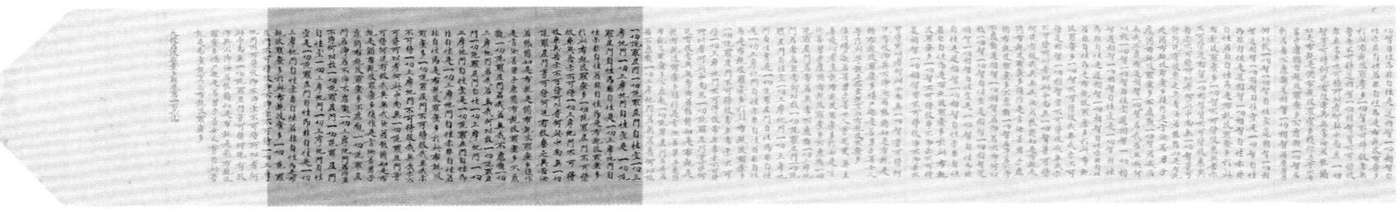

一切陀羅尼門一切陀羅尼門自性空一切三
摩地門一切三摩地門自性空是一切陀
羅尼門自性即非自性是一切三摩地門自
性亦非自性若非自性即是布施波羅蜜多
於此布施波羅蜜多一切陀羅尼門不可得
彼樂與苦亦不可得一切三摩地門不可得
彼樂與苦亦不可得所以者何此中尚無一切
陀羅尼門等可得何況有彼樂之與苦汝
若能脩如是布施是脩布施波羅蜜多復作
是言汝善男子應脩布施波羅蜜多不應
觀一切陀羅尼門若我若無我不應觀一切
三摩地門若我若無我何以故一切陀羅尼
門一切陀羅尼門自性一切三摩地門一切
三摩地門自性空是一切陀羅尼門自性

非自性是一切三摩地門自性亦非自性若
非自性即是布施波羅蜜多於此布施波
羅蜜多一切陁羅尼門不可得彼我無我亦
不可得一切三摩地門不可得彼我無我亦不
可得所以者何此中尚無一切陁羅尼門等
可得何況有彼我無我汝若能脩如是布
施是脩布施波羅蜜多復作是言汝善男子
應脩布施波羅蜜多不應觀一切陁羅尼
門若淨若不淨不應觀一切三摩地門若淨若
不淨何以故一切陁羅尼門一切陁羅尼門
自性空一切三摩地門一切三摩地門自性
空是一切陁羅尼門自性即非自性是一切
三摩地門自性亦非自性若非自性即是布
施波羅蜜多於此布施波蜜多一切陁羅
尼門不可得彼淨不淨亦不可得一切三摩

施波羅蜜多於此布施波蜜多一切陁羅
尼門不可得彼淨不淨亦不可得一切三摩
地門不可得彼淨不淨亦不可得所以者何
此中尚無一切陁羅尼門等可得何况有彼
淨與不淨汝若能脩如是布施是脩布施波
羅蜜多憍尸迦是善男子善女人等作此等
說是為宣說真正布施波羅蜜多

大般若波羅蜜多經卷第一百六十四

BD00011　大般若波羅蜜多經卷一六四

BD00012　佛名經（十六卷本）卷一六

1471.2cm × 30.8cm

（32-1）

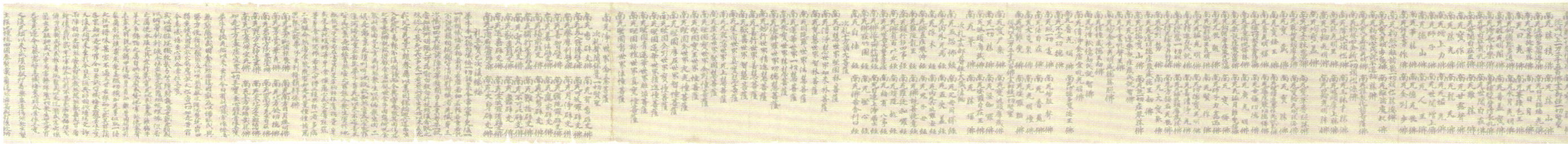

佛說佛名經卷苐十六

南无衆自在佛　南无月面佛

南无日面佛　南无聲勝佛

南无梵面佛　南无梵天佛

南无因陁羅雞兜幢佛

南无善思惟月勝成就王佛

南无善思惟月勝成就王佛
南无智光明佛　南无无垢稱王佛
南无樂說莊嚴雲德佛
南无妙聲佛
南无清淨面无垢月勝王佛
南无平等意佛
南无樂說聲佛　南无无垢月佛
南无无垢清淨金色決定光明威德王佛
南无寶光明輪王佛　南无智通佛
南无不數發精進決定佛
南无山積佛
南无因陁羅雞兜幢王佛

南无善住娑羅王佛
南无波頭摩勝佛　南无善住堅固王佛
南无日月光佛　南无波頭摩光佛
南无波頭摩勝步佛　南无大通佛
南无大通智勝佛　南无无邊智佛
南无多寶佛　南无吼聲降伏一切佛
南无日月无垢光明佛
南无蓮華无垢星宿王華佛
南无雲妙鼓聲王佛
南无住持水聲善星宿王華嚴通佛
南无无垢身佛　南无那伽鈎羅勝佛
南无智照佛　一

南无智照佛　一
南无現一切德光明奮迅王佛
南无照光明莊嚴奮迅王佛
南无月明佛　南无光明普照佛
南无寶莊嚴佛　南无散華佛
南无普然燈佛　南无普華佛
從此以上一万二千三百佛十二部經一切賢聖
南无普光明勝山王佛
南无善住功德摩尼山王佛
南无明王佛　南无不可降伏幢佛
南无勝功德佛　南无世間自在佛

南无普華佛　南无香根佛
南无虛空輪清淨王佛
南无勝明波頭摩敷身佛
南无功寶摩尼王佛
南无寶光明日月輪智佛
南无威德頻頭聲王佛
南无大導師佛
南无樂說山佛　南无住佛
南无師子鳥奮迅佛　南无功德王光明佛
南无功德幢佛　南无功德作佛
南无聖天佛　南无寶幢佛
南无金剛合佛　南无一切衆佛

南无功德佛　南无功德佛
南无聖天佛　南无寶幢佛
南无金剛合佛　南无一切勝佛
南无安隱色佛　南无妙行佛
南无波羅婆羅婆伽羅佛　南无弗波雞兜佛
南无妙色佛　南无脩盧遮那佛
南无梨師搖多佛　南无破煩惱佛
南无妙佛　南无數等佛
南无弗迦羅佛　南无善无佛
南无吉佛　南无師子威德佛
南无住智德佛　南无婆那多香佛
南无寶去畫弗　南无歸妙弗

南无世間書佛　南无摩光眼佛
南无寶稱佛　南无寶威德佛
南无善華佛　南无真聲佛
南无善行色佛　南无後咲眼佛
南无功德山佛　南无雲聲佛
南无妙色佛　南无命威德佛
南无勝步行佛　南无世間來佛
南无降伏怨佛　南无供養佛
南无善莊嚴佛　南无舍尸雞兜佛
南无般若功德光佛　南无大威德佛
南无等寶蓋佛　南无那羅延佛
南无成就行佛　南无離憂佛

南无[illegible]佛　南无那羅延佛
南无成就行佛　南无離優佛
南无无垢喜佛　南无无垢光明佛
南无厚堅固佛　南无无垢雲王佛
南无勝護佛　南无梵功德天王佛
南无虛空步佛　南无妙智佛
南无法寶佛　南无不空見佛
南无難降伏光佛　南无月光佛
南无月佛　南无普光明佛
南无寶勝佛　南无普觀佛
南无不可數見佛　南无通佛
南无青手光月寶佛　南无无垢擇佛

南无善洗淨无垢成就无邊功德勝王佛

南无義成就佛　南无弟一然燈佛

南无一切德寶勝佛　南无无垢光明佛

南无樂說莊嚴佛　南无无垢月難境稱佛

南无鉤蘇摩莊嚴佛　南无大步佛

南无寶上佛　南无无畏觀佛

南无師子奮迅佛　南无離畏佛

從此以上一万二千四百佛十二部經一切賢聖

南无不怯弱離驚怖佛　南无金王威德佛

南无梵勝天王佛　南无善月佛

南无光明王佛　南无難境稱佛

南无閻浮光月佛　南无多摩羅跋旃檀香佛

南无光明王佛　南无難勝稱佛
南无閻浮光明佛　南无多摩羅跋旃檀香佛
南无不動佛　南无弥留山佛
南无師子聲佛　南无師子幢佛
南无住虛空佛　南无常入涅槃佛
南无因陁羅幢佛　南无甘露佛
南无降伏一切世間怨佛
南无得度佛　南无弥留劫佛
南无多摩羅跋栴檀香佛
南无自在佛　南无能破一切驚怖畏佛
南无普光月佛　南无生光明佛

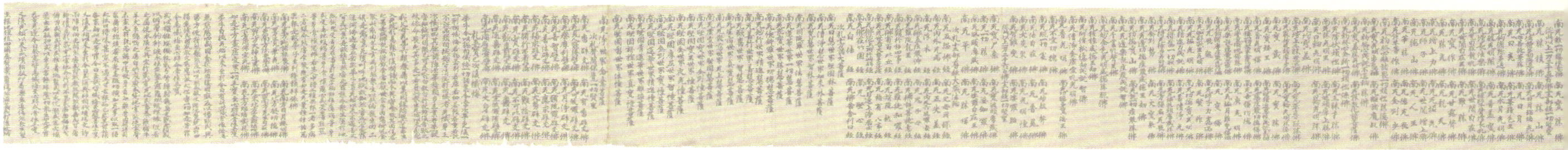

南无海住持奮迅通佛　南无法虛空勝王佛
南无七寶波頭摩步佛　南无寶雞覺佛
南无一切衆生愛見佛　南无滿足百千光明幢佛
南无婆羅自在王佛　南无法莊嚴王佛
南无普一寶蓋佛　南无星宿佛
南无普光明奮迅佛　南无法莊嚴王佛
南无燈佛　南无堅精進佛
南无法照光佛　南无住清淨眼佛
南无善住淨境界佛　南无月山佛
南无畢竟莊嚴无邊功德王佛　南无離諸煩惱佛
南无不空見佛　南无智上光明佛
南无成就无垢无邊清淨功德勝王佛

BD00012　佛名經（十六卷本）卷一六

南无不空見佛
南无智上光明佛
南无成就无垢无邊清淨功德勝王佛
南无寶勝智威德莊嚴自在王佛
南无清淨光佛
南无數華娑羅自在王佛
南无大華數王佛
南无月輪清淨佛
南无寂靜月聲王佛
南无无邊堅精進住勝佛
南无波頭摩勝佛
南无法雞兜佛
南无然燈佛
南无功德雞兜佛
南无功德成佛
南无聖天佛
南无寶山佛
南无金剛山佛
南无一切勝佛
南无普香佛
南无善華佛
南无善業佛

南无功德山佛　南无勝氏動佛

南无拘隣佛　南无善眼佛

南无頭陁羅吒佛　南无善生佛

南无梵勝佛　南无寂静佛

南无梵德佛　南无因陁羅幢佛

南无月色佛　南无无垢色佛

南无无染佛　南无勝龍佛

南无龍天佛　南无金光明佛

南无勝聲因陁羅王佛　南无善須弥山佛

南无善色藏佛　南无大光佛

南无威德因陁羅佛　南无地光佛

南无成德巨陁羅佛　南无地如佛
南无琉璃華佛　南无勝瑠璃金光明佛
南无月勝佛　南无日吼佛
南无散華莊嚴光明佛
南无婆伽羅勝智奮迅通佛
南无水光明佛　南无大香行光明佛
南无離一切瞋恨意佛　南无寶勝佛
從此以上一万二千五百佛十二部經一切賢聖
南无勝積佛　南无勝山佛
南无住持多功德通法佛　南无日月瑠璃光佛
南无菩提華勝佛　南无日月佛

南无曰光佛　南无華鬘色王佛
南无鈎脩弥多通佛　南无水月光明佛
南无破无明闇佛　南无普蓋寶佛
南无增長法樂佛　南无種師子聲增長吼佛
南无梵自在龍吼佛　南无世間自在佛
南无世間自在王佛　南无難勝佛
南无寶作佛　南无甘露聲佛
南无勝光佛　南无龍天佛
南无增上力佛　南无无垢光佛
南无師子佛　南无世間增上佛
南无德山佛　南无人王佛
南无華勝佛　南无德无畏佛

南无明[illegible]佛　南无世間[illegible]上佛
南无德山佛　南无人王佛
南无華勝佛　南无德无畏佛
南无能手等作佛　南无金剛步佛
南无初發心離諸畏一切煩惱勝德佛
南无寶光明步為佛　南无離諸魔疑佛
南无初發心成就不退輪勝佛
南无寶蓋勝光明佛　南无能教化諸菩薩佛
南无初發心念斷一切煩惱染佛
南无降伏煩惱佛　南无三昧才勝佛
南无勝光明王佛　南无波頭摩上勝佛
南无日輪光明佛　南无日輪光明勝佛

南无於寶蓋佛

南无增上三昧奮迅佛　南无寶華普照勝佛

南无最妙波頭摩步佛　南无寶輪光明勝德佛

南无寶　藏佛　南无寶　勝佛

南无寶燈王佛　南无堅精進思惟成就義佛

南无普光明稱佛　南无慈莊嚴功德稱佛

南无稱一切衆生念勝功德佛　南无吉稱功德佛

南无畢竟慚愧稱勝佛　南无廣光明佛

南无樂說莊嚴思惟佛　南无无垢月雜光稱佛

南无鉤脩摩莊嚴光明作佛　南无寶　稱佛

南无无畏觀佛　南无師子力奮迅佛

南无[illegible]月佛　南无[illegible]佛

南无鈆脩摩莊嚴光明作佛　南无寶稱佛
南无无畏觀佛　南无師子力奮迅佛
南无伽耶歌王光明佛　南无賢作佛
南无无垢光明佛　南无功德寶光明佛
南无精進力成就佛　南无善清淨光佛
南无得奮一切欲佛　南无无垢波頭摩藏勝佛
南无得无障导力解脫佛　南无十方稱名无畏佛
南无金剛勢佛　南无大寶聚佛
南无无邊功德莊嚴威德王劫佛
南无功德寶山佛　南无說一切莊嚴勝佛
南无无邊樂說莊嚴成就智佛
南无千雲孔聲王佛

南无妙金色光明威德勝照佛
南无種種威德王劫佛
南无阿僧祇億劫成就智佛
南无清淨金虛空吼光明佛
南无普光明佛　南无功德多寶海王佛
南无不空功德佛
南无照一切處佛　南无妙鼓聲佛
南无法自在佛　南无普見佛
南无大炎聚佛　南无光明幢佛
南无智雞兜佛　南无婆羅胎佛
從此以上一万二千六百佛十二部經一切賢聖

南无智鋒覺佛　南无婆羅胎佛

從此以上一万二千六百佛十二部經一切賢聖

南无寶尸棄佛　南无寶波頭摩藏佛

南无一切勝佛　南无婆伽羅佛

南无波頭摩藏佛　南无婆羅自在王佛

南无華佛　南无勝稱佛

次礼十二部尊經大藏法輪

南无五恐怖經　南无父母因緣經

南无內外无為經　南无五失蓋經

南无淨木經　南无內外六波羅蜜經

南无佛立莊嚴淨經　南无鬼子母經

南无雜色毛經　南无佛洗善是意經

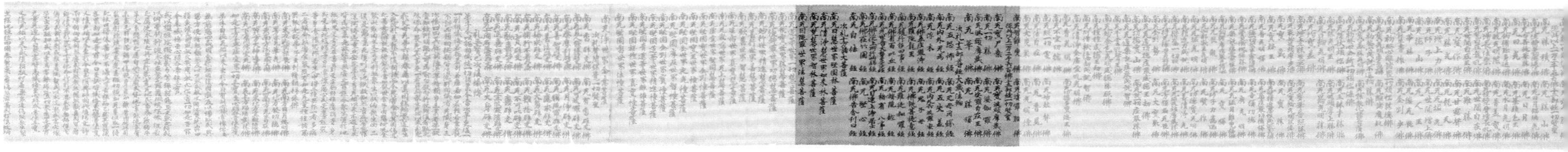

南无觀行移四事經 南无難提和羅經
南无佛有百比丘經 南无旃陀越經
南无光世音大勢至受决經 南无梅有八事經
南无佛從上所行卅偈經 南无目連上淨居士經
南无佛在竹園經 南无堅心經
南无自佉經 南无佛告舍利曰經
次礼十方諸大菩薩
南无日慧世界堅固林菩薩
南无清淨慧世界如來林菩薩
南无梵慧世界智林菩薩
南无因陁羅世界法慧菩薩

南无因陁羅世界法慧菩薩
南无蓮華世界一切慧菩薩
南无衆寶世界勝慧菩薩
南无優鉢羅世界功德慧菩薩
南无妙行世界精進慧菩薩
南无善行世界善慧菩薩
南无歡喜世界智慧菩薩
南无星宿世界真寶慧菩薩
南无无散慈世界无上慧菩薩
南无虛空世界堅固慧菩薩
南无金固寶世界金剛幢菩薩

南无堅固寶王世界幢菩薩
南无堅固金世界夜光幢菩薩
南无堅固摩尼世界智幢菩薩
南无堅固金剛世界寶幢菩薩
南无堅固蓮華世界精進幢菩薩
南无堅固青蓮華世界離垢菩薩
南无堅固旃檀世界真寶幢菩薩
南无堅固香世界法幢菩薩
南无淨世界念意菩薩
次礼聲聞緣覺一切賢聖
南无□摩尼佛　南无□□□摩尼佛

南无[illegible]世[illegible]念[illegible]意菩薩

次礼聲聞緣覺一切賢聖

南无香辟支佛　南无有香辟支佛
南无見人飛騰辟支佛　南无可波羅辟支佛
南无奈摩利辟支佛　南无月淨辟支佛
南无善智辟支佛　南无脩陁羅辟支佛
南无善法辟支佛　南无應求辟支佛
南无騎求辟支佛　南无大勢辟支佛
南无脩行不着辟支佛　南无難捨辟支佛
南无實辟支佛　南无不可比辟支佛
南无歡喜辟支佛　南无善辟支佛
南无道喜辟支佛　南无士波羅直辟支佛

南无十肩名婆羅辟支佛　南无火身辟支佛

礼三寶已次復懺悔

弟子今以總相懺悔一切諸業今當次第更復一

一別相懺悔若總若別若麁若細若輕若重若說

不說品類相從願皆消滅別相懺者先懺身三

次懺口四其餘諸障次第稽顙身三業者第一殺

害如經所明恕己可為喻勿殺勿行杖雖復禽獸之

殊保命畏死其事是一若尋此衆生无始以來或是

我父母兄弟六親眷属以業因緣輪迴六道出生

入死改形易報不復相識而今興害食噉其肉傷慈

之甚是故佛說設得餘食當如飢世食子肉想何況食

之甚是故佛說設得餘食當如飢世食子肉想悪何况食
噉此魚肉世又売爲利煞衆生以錢納衆生肉二
俱是悪業死墮叫呼地獄故知煞害及以食噉罪
深河海過重丘岳然弟子等无始以來不遇善友
皆爲此業是故經言煞害之罪能令衆生墮於地
獄餓鬼受苦若在畜生則受虎豹豺狼鷹鷂等身
或受毒虵蝮蝎等身常懷悪心或受麞鹿熊羆
等身常懷恐怖若生人中得二種果報一者多病
二者短命煞害食噉既有如是无量種種諸悪
果報是故弟子至到稽顙歸依佛
南无東方滅諸怖畏佛
南无南方日月燈明佛

會

南无西方覺華光佛　南无北方成功德佛

南无東南方除衆惑宣佛　南无西南方无生自在佛

南无西北方大神通王佛　南无東北方空離垢心佛

南无下方同像空无佛　南无上方瑠璃藏勝佛

如是十方盡虛空界一切三寶至心歸命常住三寶

弟子自從无始以來至於今日有此心識常懷惨毒

無慈愍心或因貪起煞因瞋因癡及以慢煞或興

惡方便誓煞願煞及以呪煞或破決湖池焚燒山野田

獵魚捕或因風放火飛鷹放犬惱害一切如是等罪

今悉懺悔至心歸命常住三寶

令悉懺悔至心歸命常住三寶
或以檻擺坑撥收戟弓弩彈射飛鳥走獸之類或
以罛網罾釣撩漉水性魚鱉黿鼉蝦蜆螺蚌濕居
之屬使水陸之與空行藏竄无地或畜養雞猪牛
羊犬豕鵝鴨之屬自供庖廚或賃他宰煞使哀聲
未盡毛羽脫落鱗甲傷毀身首分離骨肉銷碎剝
裂屠割炮燒煮炙楚毒酸切橫加无辜但取一時
之快口得味甚寡不過三寸舌根而已然其罪報殃
各累劫如是等罪今日至誠皆懺悔至心歸命常住三寶
又復无始以來至於今日或復興師相伐壃場交諍
兩陣相向更相煞害或自煞教煞聞煞歡喜或習屠

繒債互殺或烹宰他命行於不忍或恣忿怒揮戈
擲刃或斬或刺或推著坑塹或以水沉溺或塞穴壞
巢土石磓砷或以車馬雷轢踐蹋一切衆生如是等罪
无量无邊今日發露皆悉懺悔至心歸命常住三寶
又復无始以來或墮胎破卵毒藥蠱道傷煞衆生墾
土掘地種殖田園養蠶煑繭傷煞滋甚或打撲蚊蚋
掐嚙蚤虱或燒除糞掃開決溝渠枉害一切或噉菓
實或用穀米或水或菜横煞衆生或然燋薪或路
燈燭焚諸虫類或食醬酢不看搖動或瀉湯水
澆煞虫蟻如是乃至行住坐卧四威儀中恒常傷煞

流煞虫蟻如是乃至行住坐卧四威儀中恒常傷煞
飛空著地细微衆生弟子以凡夫識暗不覺不知今
日發露皆悉懺悔至心歸命常住三寶
又復弟子无始以來至於今日或以鞭杖枷鎖行
械壓拉考掠打擲手足蹴蹋的縛籠繫斷絶水穀如
是種種諸惡方便苦惱衆生今日至誠向十方佛尊
法聖衆皆悉懺悔至心歸命常住三寶
願弟子等承是懺悔煞害等罪所生功德生生世
世得金剛身壽命无窮永離怨憎无煞害想於諸
衆生得一子地若見危難急厄之者不惜身命方便救
解脱然後爲説微妙正法使諸衆生覩形見

毀皆蒙安樂除名聞聲恐怖悲啼至心歸命常住三寶

佛說罪業報應教化地獄經

復有衆生五根不具何罪所致佛言以前世時飛鷹

走狗彈射鳥獸或破其頭或斷其足生㩜羽翼故獲斯罪

復有衆生癃殘背僂腰髖不隨踋跛手脚不能行

步何罪所致佛言以前世時為人直對行道安

鉤或施射弋陷墜衆生前後非一故獲斯罪

復有衆生為諸獄卒執繫其身枷杻著足不能得

免何罪所致佛言以前世時納捕衆生籠繫六畜或

為宰主令長貪取民物枉繫良善怨訴無所故獲斯罪

為宰主令長貪取民物枉繫良善怨訴无所故獲其罪
復有衆生或瞋或癡或狂或騃不别好醜何罪所致佛
言以前世時飲酒醉亂犯卅六失後得癡身如似
醉人不别尊卑故獲斯罪
南无見寶佛　南无智弥留佛
南无龍德佛　南无勝行佛
南无星宿佛　南无大莊嚴佛
南无光明王佛　南无能人佛
南无自在山佛　南无日面佛
南无善意佛　南无龍勝佛
南无弗沙佛　南无藥王佛

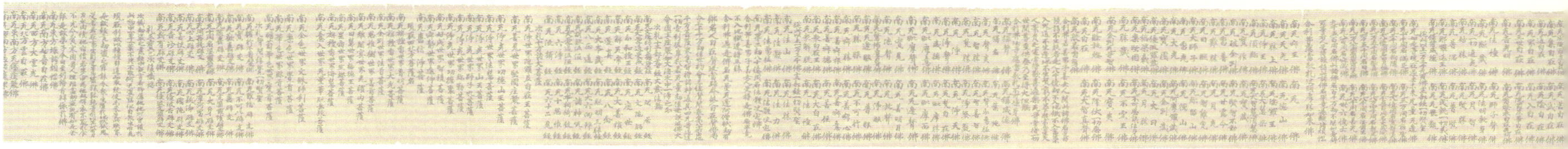

從此以上一万二千七百佛十二部經一切賢聖

南无師子山佛　南无住持勝功德佛

南无飲甘露佛　南无放炎佛

南无山佛　南无護世間供養佛

南无多伽羅尸棄佛　南无難勝佛

南无大燈佛　南无波頭摩上佛

南无法幢佛　南无能然燈佛

南无難勝佛　南无難可意佛

南无真聲佛　南无妙聲佛

南无婆羅步佛　南无寶炎佛

南无婆羅步佛　南无寶炎佛
南无愛見佛　南无須弥劫佛
南无栴檀光佛　南无日光佛
南无藥樹勝佛　南无覺佛
南无記佛　南无愛作佛
南无作无畏佛　南无波頭摩寶蓋佛
南无勝德佛　南无无垢佛
南无照佛　南无无煩惱佛
南无善来佛　南无善光佛
南无金色佛　南无能作光明佛
南无青手佛　南无得勝佛

南无迦陵頻伽聲佛　南无能与法佛
南无善護諸門佛　南无得意佛
南无離愛佛　南无未生實佛
南无善護諸根佛　南无梵聲佛
南无勝聲佛　南无妙聲佛
南无大慧佛　南无无諸濁佛
南无不可動佛　南无樂解脫佛
南无勝二足佛　南无具足一切德莊嚴佛
南无相莊嚴佛　南无拘牟陀語佛
南无不可降伏語佛　南无常想應語佛

南无不可降伏語佛
南无梵聲安隱衆生佛
南无金枝華佛
南无妙頂佛
南无一切法到彼岸佛
南无不散心佛
南无善寂成就佛
南无清淨手佛
南无畢竟成就大悲佛
南无常行成就佛
南无清淨功德積佛

南无常想應語佛
南无婆羅華佛
南无拘牟陀相佛
南无大牟尼佛
南无无染佛
南无荷吒伽色佛
南无賒頭羅步佛
南无常來佛
南无成就堅佛
南无離諍濁佛
南无不手尼羅佛

南无勝藏佛　南无般若齊佛
南无般若寶畢竟佛　南无滿足意佛
南无世間自在王佛　南无无量命佛
南无大炎積佛　南无无邊寶佛
南无淨勝天佛　南无內外淨佛
南无稱諸根佛　南无最燈佛
南无成就不思惟頂鬘佛　南无師子意佛
南无降伏力佛　南无住持速行佛
南无放光明王佛　南无毗頭奚吼佛
南无无念覺法王佛　南无國主莊嚴身佛
南无智根[illegible]意佛　南无比[illegible]佛

南无念覺法王佛　南无國土莊嚴身佛
南无智根本華憶佛　南无化稱佛
從此以上一万二千八百佛十二部經一切賢聖
南无一切色摩尼藏佛　南无法藏自在佛
南无法獻波婆羅佛　南无无邊寶功德藏佛
南无淨華聲佛　南无天法王鉤脩摩勝佛
南无一切无盡藏佛　南无功德山藏佛
南无星宿藏佛　南无虚空智山佛
南无智力天王佛　南无无障㝵海隨順智佛
南无无邊覺海藏佛　南无智王无盡稱佛
南无正意鷲王佛　南无自在清淨智佛

南无智自在王佛　南无差别去佛
南无自在見佛　南无隨順香見法滿佛
南无龍月佛　南无因陁羅波婆羅无㝵王障佛
南无智雞兜佛　南无智燈佛
南无大光明照佛　南无不可勝佛
南无照佛　南无銀雞兜幢蓋佛
南无威德自在王佛　南无覺王佛
南无寶藏佛　南无大婆伽羅佛
南无十方差佛　南无降伏魔佛
南无降伏貪佛　南无降伏瞋佛
南无降伏癡佛　南无高勇佛

南无十方善佛　南无降伏魔佛
南无降伏貪佛　南无降伏瞋佛
南无降伏癡佛　南无憍慢佛
南无降伏瞋恨垢佛　南无清淨佛
南无業勝得名佛　南无如意清淨得名佛
南无得施起名佛　南无得清淨戒名佛
南无起忍辱成就佛　南无得起精進名佛
南无得起禪名佛　南无得起般若名佛
南无成就施不可思議名佛
南无成就戒不可思議名佛
南无成就禪不可思議名佛

南无成就般若不可思議名佛
南无行成就得名佛
南无成就陁羅尼清淨得名佛
南无陁羅尼色清淨得名佛
南无陁羅尼施清淨得名佛
南无空无我自在得名佛　南无眼陁羅尼自在佛
南无耳陁羅尼自在佛　南无鼻陁羅尼自在佛
南无舌陁羅尼自在佛　南无身陁羅尼自在佛
南无意陁羅尼自在佛　南无色陁羅尼自在佛
南无聲陁羅尼自在佛　南无香陁羅尼自在佛
南无味陁羅尼自在佛　南无觸陁羅尼自在佛

南无聲陁羅尼自在佛　南无香陁羅尼自在佛
南无味陁羅尼自在佛　南无觸陁羅尼自在佛
南无法陁羅尼自在佛　南无地陁羅尼自在佛
南无水陁羅尼自在佛　南无火陁羅尼自在佛
南无風陁羅尼自在佛　南无苦自在佛
南无集自在佛　南无滅自在佛
南无道自在佛　南无陰自在佛
南无界自在佛　南无入自在佛
南无三世自在佛　南无陁羅尼華自在佛
南无吉光明佛　南无香燈衣自在光明佛
南无法幢佛　南无師子聲佛

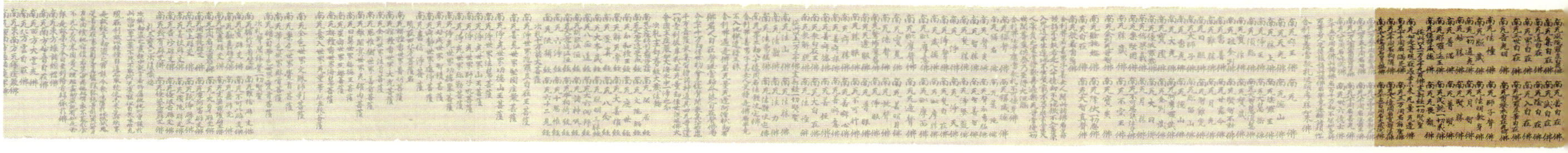

南无胎藏佛　南无法明敷身佛
南无一切通光佛　南无月智佛
南无妙勝佛　南无賢勝佛
南无普滿佛　南无普賢佛
南无那羅延王佛　南无成就一切義佛
南无住持威德佛　南无无畏觀佛
從此以上一万二千九百佛十二部經一切賢聖
南无如是等現在過去未來无量无邊佛
南无十千同名滿足佛　南无三万同名能聖佛
南无二千同名拘隣佛　南无七八億同名會體法威佛
南无七八億同名日月燈佛　南无千五百同名大威德佛

南无七億同名日月燈佛　南无千五百同名大威德佛
南无一万五千同名歡喜佛　南无八万四千同名龍王佛
南无一万五千同名日佛　南无八千同名娑羅王佛
南无一万八千同名因陀羅幢王佛　南无八千同名善光佛
南无八百同名弥勒佛　南无卅六億士佛
九千五百同名佛此諸佛名百千万劫不聞如憂鉢
羅華若人受持讀誦此諸佛名畢竟遠離諸煩惱
舍利弗應當敬礼波頭摩勝如來佛
南无弥王佛　南无佛
南无天光佛　南无德山弗

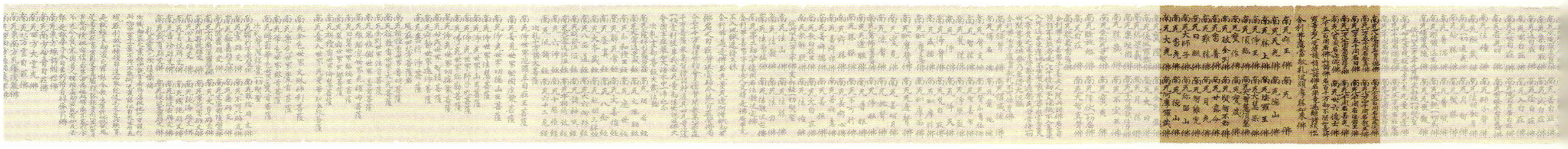

南无勝上佛　南无娑羅王佛
南无淨王佛　南无大慧衆佛
南无須弥佛　南无大智慧須慧佛
南无寶作佛　南无寶藏佛
南无破金剛佛　南无賢智不動佛
南无香普佛　南无甘露命佛
南无難勝佛　南无月光佛
南无日照佛　南无智難覺佛
南无大師子佛　南无弥留山佛
南无香光佛　南无德山佛
南无大光佛　南无阿摩羅藏佛

BD00012　佛名經（十六卷本）卷一六

南无大光佛　南无阿摩羅藏佛
南无寶園佛　南无金剛藏佛
南无優波羅藏佛　南无大日佛
南无橋梁載佛　南无月勝佛
南无集堅固佛　南无不可思議法身佛
南无勝藏佛　南无不空王佛
南无金剛无㝵智佛　南无寶炎佛
南无勝施燈佛　南无降伏一切惡佛
南无自在佛　南无大智真聲佛
南无發名香鳥佛

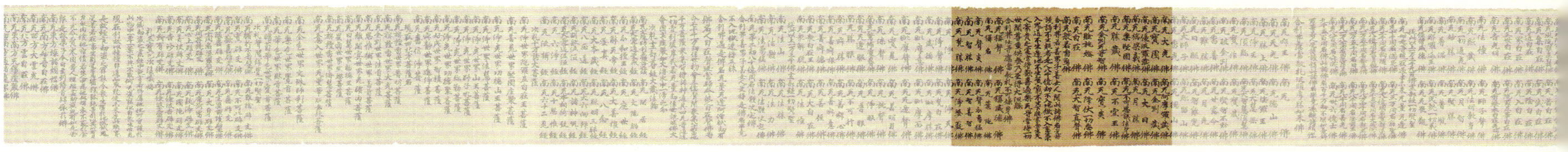

舍利弗若善男子善女人聞此諸佛名受持
讀誦不生疑者是人八千億劫不入地獄不入畜生
入鬼道不生邊地不生貧窮不生下賤家常生天
人豪貴之處常得歡喜適樂无量常得一切
世間尊重供養乃至得大涅槃
舍利弗汝等應當敬礼不可嫌身佛
南无彌聲佛　南无彌威德佛
南无稱名佛　南无葉陁佛
南无聲奚佛　南无聲分勇猛佛
南无智勝佛　南无智善智佛
南无梵勝佛　南无淨婆藪佛

南无梵勝佛　南无淨婆藪佛
南无淨佛　南无淨天佛
南无淨聲佛　南无梵自在佛
南无威德佛　南无毗摩勝佛
南无毗摩意佛　南无毗摩面佛
南无毗摩聲佛　南无无邊聲佛
南无寶見佛　南无善明月佛
南无滌聲佛　南无放聲佛
南无鷲怖魔力聲佛　南无淨眼佛
南无无邊眼佛　南无普眼佛

南无勝眼佛　南无不可行佛
南无師子勝佛　南无善師子心佛
南无善師子根佛　南无善師子意佛
南无善師子德佛　南无善住佛
南无衆自在王佛　南无大自在佛
南无衆解脱佛　南无法幢佛
從此以上一万三千佛十二部經一切賢聖
南无法山佛　南无法勝佛
南无法體佛　南无法力佛
南无法勇猛佛　南无法體决定佛
南无第二劫八十億同名法體决定佛

南无第二劫八十億同名法體決定佛
舍利弗善男子善女人受持是佛名畢竟
不入地獄速得三昧
舍利弗過是佛名无量无邊阿僧祇劫有
佛名人自在聲汝當歸命彼人自在聲佛壽
命七十千万劫住世初會三億聲聞衆集八十那由他
千万菩薩衆集皆得諸神通具四无导通達
一切空到彼岸我若无量劫住世說彼佛大
會國土莊嚴如大海水中一渧之分
次礼十二部尊經大藏法輪

南无文殊師利五體誨過經　南无閑居經
南无大愛道受戒經　南无文陁竭經
南无分和檀王經　南无度世經
南无解无常經　南无大善權經
南无要真經　南无八念經
南无大本藏經　南无照明三昧經
南无八正道經　南无大六向拜經
南无胡般泥洹經　南无諸神呪經
南无大愛道泥洹經　南无本相猗致經
南无六淨經　南无十思惟經
南无流攝經　南无六十二見經

南无流攝經南无六十二見經

次礼十方諸大菩薩

南无淨世界陁羅尼自在王菩薩

南无善見世界堅固莊嚴菩薩

南无淨光世界功德山王菩薩

南无淨世界法慧菩薩

南无淨光世界山王菩薩

南无淨光世界師子吼菩薩

南无淨光世界弥勒菩薩

南无淨光世界功德聚菩薩

南无好戒世界智積菩薩
南无寂静世界進淨菩薩
南无善信淨菩薩
現在西北方菩薩名
南无旃檀香世界普明菩薩
南无旃檀香世界大光菩薩
南无金剛世界法首菩薩
南无思惟樹世界善首菩薩
南无離闇冥世界光曜内菩薩
南无日慧世界福德王菩薩
南无星宿世界然燈菩薩

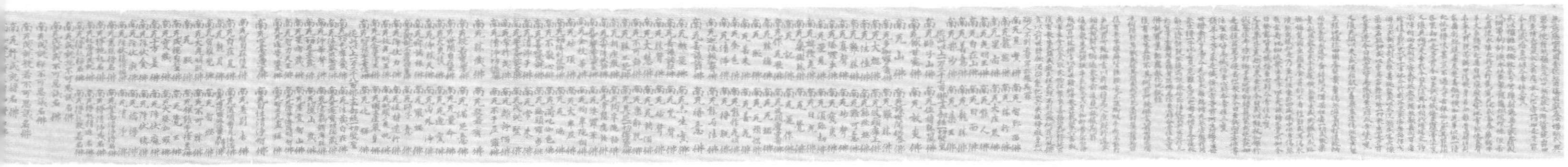

南无星宿世界然燈菩薩
南无旃檀香世界海慧菩薩
南无慧入世界无量華照盡髮菩薩
南无金色世界文殊師利菩薩
南无樂色世界覺首菩薩
南无華色世界財首菩薩
南无瞻蔔華色世界寶首菩薩
次礼聲聞緣覺一切賢聖
南无脩行不著辟支佛　南无難捨辟支佛
南无寶辟支佛　南无不可比辟支佛

南无歡喜辟支佛　南无喜辟支佛
南无隨喜辟支佛　南无士婆羅隨辟支佛
南无十同名婆羅辟支佛　南无大身辟支佛
南无同菩提辟支佛　南无摩訶男辟支佛
南无心上辟支佛　南无談淨辟支佛
南无善快辟支佛　南无園陁辟支佛
南无吉沙辟支佛　南无優波吉辟支佛
南无斷有辟支佛　南无優婆娑羅辟支佛

礼三寶已次復懺悔

次懺劫盜之業經中說言若物屬他他所守護於
此物中一草一葉不與不取何況盜竊但自衆生唯見

[illegible]
此物中一草一葉不與不取何况盜竊但自衆生唯見
現在利故以種種非道而取致使未來受此殃累
是故經言劫盜之罪能令衆生墮於地獄餓鬼
受苦若在畜生則受牛馬驢騾駱駝等形以其所有身
力血肉償他宿債若生人中爲他奴婢衣不蔽形食
不充命貧寒困苦人理殆盡劫盜既有如是苦
報是故弟子今日至到稽首歸依於佛
南无東方壞諸煩惱佛
南无南方妙音自在佛
南无西方大雲光佛

南无北方雲自在佛
南无東南方无緣莊嚴佛
南无西南方過諸魔界佛
南无西北方見无怨懼佛
南无東北方一切德嚴佛
南无下方妙善住王佛
南无上方蓮華藏光佛
如是十方盡虛空界一切三寶。至心歸命常住三寶。
弟子自從无始以來至於今日。或盜他財寶。興刃強
奪。或自怙恃逼迫而取。或恃公威。或假勢力。高
桁大械。枉押良善。吞納姧貨。考直為曲。為此因緣

析大、秤枉押良善吞納奸貨考直為曲為此因緣
身羅憲網或枉邪治或領他財物假公益私假私
益公損彼利此損此利彼割他自饒口與心違或
竊沒租佑偷度關稅匿公課輸藏隱使役如是
等罪今悉懺悔至心歸命常住三寶
或是佛物法物僧物不與而取或經像物或治
營塔寺物或供養常住僧物或擬招提僧物或
盜取悞用恃勢不還或自借或貸人或復換
貸漏忘或三寶物混亂雜用或以衆物穀米藥
薪蒭豉醬醋菜茹菓實錢帛竹木繒綵幡蓋香

花油燈隨情逐意或自用或與人或擔佛華菓
用僧鬘物因三寶財私自利己如是等罪无量
无邊今日慚愧皆悉懺悔至心歸命常住三寶
又復无始以來至于今日或作周遊朋友師僧同
學父母兄弟六親眷屬共住同止百一所須更相欺
罔或於鄉鄰比近移籬拓墻侵他地宅改摽易相
虜略田園因公託私奪人邸店及以屯野如是等
罪今悉懺悔至心歸命常住三寶
又復无始以來或攻城破邑燒村壞柵偷賣良民誘他
奴婢或復枉殺无罪之人使其形殂血刃身被徒鎖家

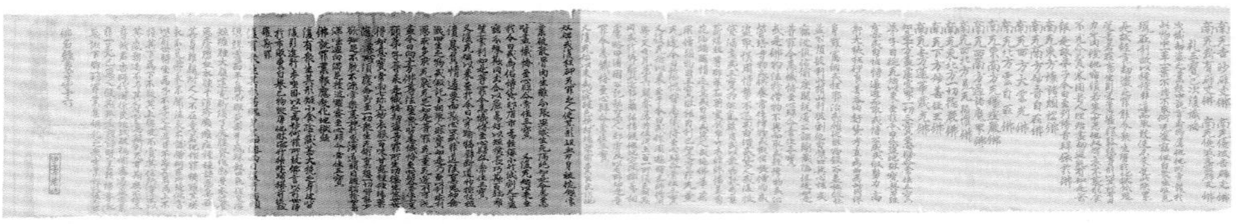

奴婢或復枉砰无罪之人使其形殂血刃身被徒鏁家
業破散骨肉生離分張異域生死隔絶如是今悉至心
皆盡懺悔至心歸命常住三寶　又復无始以來至
於今日或商佀博貨邸店市易輕秤小升減割尺寸盜
竊分銖欺罔圭合以麁易好以短換長巧欺百端希
望豪利如是等罪今悉懺悔至心歸命常住三寶
又復无始以來至於今日穿踰牆壁斷道抄掠抵捍
債息負情違要面欺心口或非道陵奪鬼神禽
獸四生之物或假託卜相取人財寶如是乃至以利求利
惡求多求无猒无足如是等罪无量无邊不可説

盡今日向十方佛尊法聖衆皆悉懺悔至心歸命常住三寶
願弟子等承是懺悔劫盜等罪所生功德生生世世
得如意寶常雨七珎上妙衣服百味甘露種種湯藥
隨意所須應念即至一切衆生无偷奪想一切皆能少
欲知足不耽不染常樂恵施行急濟道頭目髓腦捨如棄
涕唾迴向滿足檀波羅蜜至心歸命常住三寶
佛說罪業報應教化地獄經
復有衆生其形短小食陰藏甚大挽之身皮皆
復引進行步坐臥以之爲妨何罪所致佛言以前世時
於市販賣自譽己物毀辱他財踊升秤躍糶前後故
獲斯罪
復[illegible]

[illegible]
獲斯罪
復有衆生其形甚醜身黑如漆兩目復青高頰
俱塠雹面平鼻兩眼黃赤牙齒踈數口氣腥臭痤
短臃腫大腹遷寬脚復了戾僂脊佂勒費衣健食
惡瘡膿血水腫干消疥癩癰疽種種諸惡集在
其身雖親附人人不在意若他作罪横羅其殃
永不見佛永不聞法永不識僧何罪所致佛言
以前世時生爲子不孝父母爲臣不忠其君爲上不
接其下爲下不敬其上朋友不實其信鄉黨不以
其齒朝廷不与其爵心意顛倒无有期度不信三
尊煞君害師代國掠民攻城破塢偷竊盜惡業

非一美己惡人假其孤老誣謗賢善輕慢尊長

欺誑下賤一切罪業集俱犯之衆生業報故獲斯罪

佛名經卷第十六

圖書在版編目（CIP）數據

中國國家圖書館藏敦煌文獻．第一册／中國國家圖書館編．—北京：國家圖書館出版社，2023.12

ISBN 978-7-5013-7873-9

Ⅰ．①中… Ⅱ．①中… Ⅲ．①敦煌學—文獻 Ⅳ．①K870.6

中國國家版本館 CIP 數據核字（2023）第 186773 號

書　　名	中國國家圖書館藏敦煌文獻・第一册
著　　者	中國國家圖書館　編
項目統籌	魏　崇　殷夢霞
責任編輯	潘　竹　程魯潔　黄　鑫　苗文葉
責任校對	劉宇石　王　衡
出版發行	國家圖書館出版社（北京市西城區文津街 7 號　100034） （原書目文獻出版社　北京圖書館出版社） 010-66114536　63802249　nlcpress@nlc.cn（郵購）
網　　址	http://www.nlcpress.com
排版印裝	天津裕同印刷有限公司
版次印次	2023 年 12 月第 1 版　2023 年 12 月第 1 次印刷
開　　本	787×1092　1/8
印　　張	43.5
書　　號	ISBN 978-7-5013-7873-9
定　　價	2800.00 圓